Grammar +Plus Writing

1

저자 약력

전지원　미국 오리건 주립대 Linguistics 석사
　　　　(현) 한국 외국어대학교 외국어연수 평가원 영어 전임 강사
　　　　〈내공 중학 영작문〉 (다락원), 〈Grammar Mate〉 (다락원),
　　　　〈Grammar's Cool〉 (YBM), 〈빠르게 잡는 영문법〉 (천재교육) 등 다수의 교재 공저

박혜영　미국 하와이 주립대 Second Language Studies 석사
　　　　(현) 한국 외국어대학교 외국어연수 평가원 영어 전임 강사
　　　　〈내공 중학 영작문〉 (다락원), 〈Grammar Mate〉 (다락원),
　　　　〈Grammar's Cool〉 (YBM), 〈빠르게 잡는 영문법〉 (천재교육) 등 다수의 교재 공저

Grammar Plus Writing ❶

지은이 전지원, 박혜영

펴낸이 정규도
펴낸곳 (주)다락원

개정판 1쇄 발행 2023년 12월 11일
개정판 3쇄 발행 2024년 11월 13일

편집 서정아, 정연순, 안혜원, 신채영
디자인 구수정, 포레스트
삽화 강정연
영문 감수 Michael A. Putlack

다락원 경기도 파주시 문발로 211
내용문의 (02)736-2031 내선 503
구입문의 (02)736-2031 내선 250~252

Fax (02)732-2037
출판등록 1977년 9월 16일 제 406-2008-000007호

ISBN 978-89-277-8064-9 54740
　　　 978-89-277-8063-2 54740(set)

http://www.darakwon.co.kr
다락원 홈페이지를 방문하시면 상세한 출판정보와 함께
동영상 강좌, MP3 자료 등 다양한 어학 정보를 얻으실 수 있습니다.

Grammar Plus Writing

STRUCTURES | 구성과 특징

Grammar Plus Writing 시리즈는

- 중등 필수 영문법을 쉽고 빠르게 습득할 수 있습니다.
- 학습한 문법 요소를 영작과 연계하여 문법 지식과 영작 능력을 동시에 향상시킬 수 있습니다.
- 최신 기출 유형과 고난도 문제로 내신 및 서술형 시험에 효과적으로 대비할 수 있습니다.

GRAMMAR FOCUS

내신뿐 아니라 영작을 할 때 꼭 필요한 중등 필수 영문법을 선별하여 쉽고 간결하게 제시했습니다.
문법 학습 후에는 단계별 Exercise를 통해 학습한 내용을 체계적으로 점검할 수 있습니다.

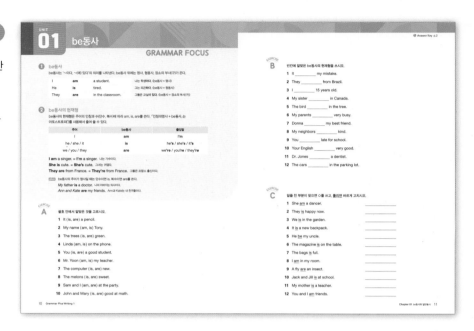

WRITING FOCUS

학습한 문법 요소를 활용하여 영작 훈련을 하는 코너입니다. 영작에 대한 자신감을 키우고 학교 시험에 자주 나오는 문제 유형(배열 영작, 문장 완성, 문장 전환, 오류 수정 등)을 통해 서술형 시험에 효과적으로 대비할 수 있습니다.

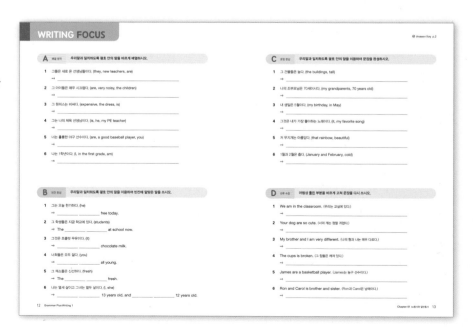

ACTUAL TEST

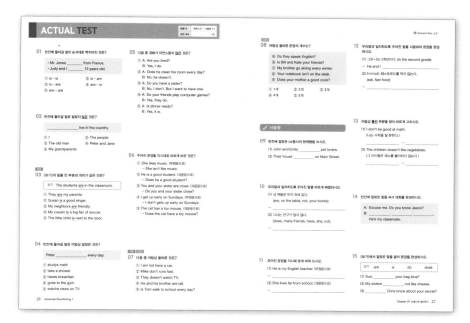

ACTUAL TEST

챕터 학습이 끝난 후, 내신 유형의 문제를 풀어보며 학습한 내용을 정리합니다. 최신 빈출 유형과 고난도 유형을 수록했으며, 50% 이상이 서술형 문제로 구성되어 어려워진 내신 시험에 철저히 대비할 수 있습니다.

WORKBOOK

별책으로 제공되는 워크북에서는 각 Unit의 문법사항을 Worksheet 형태로 제공하여 학습한 내용을 빠르게 복습하고 실력을 점검할 수 있습니다.

📄 온라인 부가자료 | www.darakwon.co.kr

다락원 홈페이지에서 무료로 부가자료를 다운로드하거나 웹에서 이용하실 수 있습니다.

CONTENTS | 목차

Chapter 01

be동사와 일반동사

① be동사

be동사는 '~이다, ~(에) 있다'의 의미를 나타낸다. be동사 뒤에는 명사, 형용사, 장소의 부사(구)가 온다.

I	**am**	a student.	나는 학생**이다.** 〈be동사 + 명사〉
He	**is**	tired.	그는 피곤**하다.** 〈be동사 + 형용사〉
They	**are**	in the classroom.	그들은 교실에 **있다.** 〈be동사 + 장소의 부사(구)〉

② be동사의 현재형

be동사의 현재형은 주어의 인칭과 수(단수, 복수)에 따라 am, is, are를 쓴다. 「인칭대명사 + be동사」는 아포스트로피(')를 사용해서 줄여 쓸 수 있다.

주어	be동사	줄임말
I	am	I**'m**
he / she / it	is	he**'s** / she**'s** / it**'s**
we / you / they	are	we**'re** / you**'re** / they**'re**

I am a singer. = **I'm** a singer. 나는 가수이다.

She is cute. = **She's** cute. 그녀는 귀엽다.

They are from France. = **They're** from France. 그들은 프랑스 출신이다.

plus be동사의 주어가 명사일 때는 단수이면 is, 복수이면 are를 쓴다.

My father **is** a doctor. 나의 아버지는 의사이다.

Ann and Kate **are** my friends. Ann과 Kate는 내 친구들이다.

EXERCISE A

괄호 안에서 알맞은 것을 고르시오.

1 It (is, are) a pencil.

2 My name (am, is) Tony.

3 The trees (is, are) green.

4 Linda (am, is) on the phone.

5 You (is, are) a good student.

6 Mr. Yoon (am, is) my teacher.

7 The computer (is, are) new.

8 The melons (is, are) sweet.

9 Sam and I (am, are) at the party.

10 John and Mary (is, are) good at math.

EXERCISE

B 빈칸에 알맞은 be동사의 현재형을 쓰시오.

1 It _____ my mistake.

2 They _____ from Brazil.

3 I _____ 15 years old.

4 My sister _____ in Canada.

5 The bird _____ in the tree.

6 My parents _____ very busy.

7 Donna _____ my best friend.

8 My neighbors _____ kind.

9 You _____ late for school.

10 Your English _____ very good.

11 Dr. Jones _____ a dentist.

12 The cars _____ in the parking lot.

EXERCISE

C 밑줄 친 부분이 맞으면 O를 쓰고, 틀리면 바르게 고치시오.

1 She <u>am</u> a dancer. _____

2 They <u>is</u> happy now. _____

3 We <u>is</u> in the garden. _____

4 It <u>is</u> a new backpack. _____

5 He <u>be</u> my uncle. _____

6 The magazine <u>is</u> on the table. _____

7 The bags <u>is</u> full. _____

8 I <u>am</u> in my room. _____

9 A fly <u>are</u> an insect. _____

10 Jack and Jill <u>is</u> at school. _____

11 My mother <u>is</u> a teacher. _____

12 You and I <u>am</u> friends. _____

WRITING FOCUS

A 배열 영작   우리말과 일치하도록 괄호 안의 말을 바르게 배열하시오.

1 그들은 새로 온 선생님들이다. (they, new teachers, are)

➡ _____

2 그 아이들은 매우 시끄럽다. (are, very noisy, the children)

➡ _____

3 그 원피스는 비싸다. (expensive, the dress, is)

➡ _____

4 그는 나의 체육 선생님이다. (is, he, my PE teacher)

➡ _____

5 너는 훌륭한 야구 선수이다. (are, a good baseball player, you)

➡ _____

6 나는 1학년이다. (I, in the first grade, am)

➡ _____

B 빈칸 완성   우리말과 일치하도록 괄호 안의 말을 이용하여 빈칸에 알맞은 말을 쓰시오.

1 그는 오늘 한가하다. (he)

➡ _____ _____ free today.

2 그 학생들은 지금 학교에 있다. (students)

➡ The _____ _____ at school now.

3 그것은 초콜릿 우유이다. (it)

➡ _____ _____ chocolate milk.

4 너희들은 모두 젊다. (you)

➡ _____ _____ all young.

5 그 채소들은 신선하다. (fresh)

➡ The _____ _____ fresh.

6 나는 열세 살이고 그녀는 열두 살이다. (I, she)

➡ _____ _____ 13 years old, and _____ _____ 12 years old.

C 문장 완성 　우리말과 일치하도록 괄호 안의 말을 이용하여 문장을 완성하시오.

1 그 건물들은 높다. (the buildings, tall)

→ _____

2 나의 조부모님은 70세이시다. (my grandparents, 70 years old)

→ _____

3 내 생일은 5월이다. (my birthday, in May)

→ _____

4 그것은 내가 가장 좋아하는 노래이다. (it, my favorite song)

→ _____

5 저 무지개는 아름답다. (that rainbow, beautiful)

→ _____

6 1월과 2월은 춥다. (January and February, cold)

→ _____

D 오류 수정 　어법상 틀린 부분을 바르게 고쳐 문장을 다시 쓰시오.

1 We am in the classroom. (우리는 교실에 있다.)

→ _____

2 Your dog are so cute. (너의 개는 정말 귀엽다.)

→ _____

3 My brother and I am very different. (나의 형과 나는 매우 다르다.)

→ _____

4 The cups is broken. (그 컵들은 깨져 있다.)

→ _____

5 James are a basketball player. (James는 농구 선수이다.)

→ _____

6 Ron and Carol is brother and sister. (Ron과 Carol은 남매이다.)

→ _____

be동사의 부정문과 의문문

GRAMMAR FOCUS

① be동사의 부정문

「be동사 + not」 형태로 쓰고, '~이 아니다, (~에) 없다'로 해석한다.

주어	be동사 + not	줄임말
I	**am not**	**I'm not**
he / she / it	**is not**	he / she / it **isn't**
we / you / they	**are not**	we / you / they **aren't**

I **am not** an actor. = I**'m not** an actor.   나는 배우가 아니다.

He **is not** rich. = He **isn't** rich.   그는 부자가 아니다.

They **are not** here. = They **aren't** here.   그들은 여기에 없다.

② be동사의 의문문

「Be동사 + 주어 ~?」 형태로 쓰고, '~이니?, (~에) 있니?'로 해석한다.

의문문	긍정의 대답	부정의 대답
Am I ~?	Yes, you are.	No, you aren't.
Are you ~?	Yes, I am.	No, I'm not.
Is he / **she** / **it** ~?	Yes, he / she / it is.	No, he / she / it isn't.
Are we / **you** / **they** ~?	Yes, you / we / they are.	No, you / we / they aren't.

A: **Are you** a student?   당신은 학생입니까?

B: Yes, I am. / No, I'm not.   네, 그렇습니다. / 아니요, 그렇지 않습니다.

A: **Is she** happy?   그녀는 행복합니까?

B: Yes, she is. / No, she isn't.   네, 그렇습니다. / 아니요, 그렇지 않습니다.

EXERCISE
A   다음 문장을 괄호 안의 지시대로 바꿔 쓰시오.

1 He is your teacher.

[부정문] He _____ _____ your teacher.

[의문문] _____ _____ your teacher?

2 They are in the room.

[부정문] They _____ _____ in the room.

[의문문] _____ _____ in the room?

3 You are a police officer.

[부정문] You _____ _____ a police officer.

[의문문] _____ _____ a police officer?

EXERCISE B

밑줄 친 부분을 어법에 맞게 고치시오.

1 <u>You from are</u> Canada?

2 They <u>isn't</u> at home now.

3 It <u>not is</u> cheap.

4 We <u>isn't</u> at school.

5 <u>She am</u> your sister?

6 <u>Is it not</u> a ball.

7 <u>Is you</u> tired?

8 Jane <u>is happy not</u>.

9 The kitchen <u>not</u> clean.

10 <u>They are</u> in the store?

11 My brother <u>not is</u> tall.

12 <u>Are the milk</u> in the fridge?

EXERCISE C

빈칸에 알맞은 말을 넣어 의문문에 대한 답을 완성하시오.

1 A: Are they at the station?　　　B: No, _____ _____.

2 A: Is she your friend?　　　B: Yes, _____ _____.

3 A: Are you a teacher?　　　B: No, _____ _____.

4 A: Are you soccer players?　　　B: No, _____ _____.

5 A: Is this your cellphone?　　　B: Yes, _____ _____.

6 A: Are the boxes empty?　　　B: Yes, _____ _____.

7 A: Is your father always busy?　　　B: Yes, _____ _____.

8 A: Is she Cindy?　　　B: No, _____ _____.

9 A: Am I right?　　　B: Yes, _____ _____.

10 A: Are you and your sister twins?　　　B: Yes, _____ _____.

11 A: Is this book interesting?　　　B: No, _____ _____.

12 A: Are they Peter's notebooks?　　　B: Yes, _____ _____.

WRITING FOCUS

A 배열 영작   우리말과 일치하도록 괄호 안의 말을 바르게 배열하시오.

1 그것은 내 가방이 아니다. (it, not, is, my bag)

➡ _____

2 그녀는 나의 반 친구가 아니다. (my classmate, is, she, not)

➡ _____

3 그들은 체육관에 있니? (at the gym, are, they)

➡ _____

4 그는 수업에 늦지 않았다. (late, not, he, is, for class)

➡ _____

5 내 가방은 검은색이 아니다. (black, is, my bag, not)

➡ _____

6 네 여동생은 귀엽니? (your sister, is, cute)

➡ _____

B 빈칸 완성   우리말과 일치하도록 괄호 안의 말을 이용하여 빈칸에 알맞은 말을 쓰시오.

1 그는 유명한 가수가 아니다. (he)

➡ _____ _____ _____ a famous singer.

2 당신은 혼자가 아니다. (you)

➡ _____ _____ _____ alone.

3 그들은 소방관이니? (they)

➡ _____ _____ firefighters?

4 너는 발표할 준비가 되었니? (you)

➡ _____ _____ ready for the presentation?

5 그녀는 열세 살이니? (she)

➡ _____ _____ 13 years old?

6 우리는 지금 바쁘지 않다. (we)

➡ _____ _____ _____ busy now.

C 문장 완성   우리말과 일치하도록 괄호 안의 말을 이용하여 문장을 완성하시오.

1 그 수프는 뜨겁지 않다. (the soup, hot)

→ _____

2 Jane과 Peter는 식당에 있니? (at the restaurant)

→ _____

3 그녀는 수학 선생님이 아니다. (she, a math teacher)

→ _____

4 우리는 배가 고프지 않다. (we, hungry)

→ _____

5 그들은 의사니? (they, doctors)

→ _____

6 너는 시험 볼 준비가 되었니? (you, ready for the exam)

→ _____

D 오류 수정   어법상 틀린 부분을 바르게 고쳐 문장을 다시 쓰시오.

1 Are your favorite color blue? (네가 가장 좋아하는 색은 파란색이니?)

→ _____

2 Is Tom and Alice cousins? (Tom과 Alice는 사촌이니?)

→ _____

3 The chairs not comfortable. (그 의자들은 편하지 않다.)

→ _____

4 We am not friends. (우리는 친구가 아니다.)

→ _____

5 Are Susan a good singer? (Susan은 노래를 잘 부르니?)

→ _____

6 I amn't from America. (나는 미국 출신이 아니다.)

→ _____

① 일반동사

일반동사는 go, sleep, like, have 등과 같이 특정한 의미를 갖는 동작이나 상태를 나타내는 동사이다.

② 일반동사의 현재형

일반동사의 현재형은 현재의 사실, 습관이나 반복적인 일, 불변의 진리를 나타내며, 주어가 3인칭 단수(he/she/it)일 때 동사원형 뒤에 -(e)s를 붙인다.

주어	일반동사의 현재형
I / you / we / they / 복수 명사	동사원형
he / she / it / 단수 명사	동사원형 + -(e)s

I **live** in Seoul. 나는 서울에 산다.
They **get** up early. 그들은 일찍 일어난다.

She **likes** tea. 그녀는 차를 좋아한다.
John **goes** to school. John은 학교에 다닌다.

③ 일반동사의 3인칭 단수 현재형

대부분의 동사	동사원형 + **-s**	eats drinks makes opens wears
-o, -s, -x, -ch, -sh로 끝나는 동사	동사원형 + **-es**	does misses fixes teaches finishes goes passes mixes watches wishes
「자음 + y」로 끝나는 동사	**y**를 **i**로 고치고 + **-es**	cry → cries fly → flies study → studies *「모음 + y」는 동사원형 + -s: buys, enjoys, plays, stays
불규칙 변화	have → **has**	

A 괄호 안의 동사를 현재형으로 바꿔 문장을 완성하시오.

1 Tim _____ to the gym every day. (go)

2 Mr. Williams _____ in the town. (live)

3 An eagle _____ high. (fly)

4 I usually _____ toast for breakfast. (eat)

5 Bob _____ the guitar very well. (play)

6 Mary _____ many friends. (have)

7 Water _____ at 0°C. (freeze)

8 The girl _____ her mother a lot. (miss)

9 Mark _____ his homework after school. (do)

10 She _____ French at a high school. (teach)

EXERCISE B

우리말과 일치하도록 〈보기〉에서 알맞은 동사를 골라 문장을 완성하시오. (필요시 형태를 바꿀 것)

| 보기 | cry | drink | rise | wash | work |

1 나는 아침에 물 한 잔을 마신다.

→ I _____ a glass of water in the morning.

2 그 아기는 큰 소리로 운다.

→ The baby _____ loudly.

3 그녀의 오빠는 은행에서 일한다.

→ Her brother _____ at a bank.

4 해는 동쪽에서 뜬다.

→ The sun _____ in the east.

5 아빠는 저녁 식사 후에 설거지를 하신다.

→ Dad _____ the dishes after dinner.

EXERCISE C

밑줄 친 부분이 맞으면 ○를 쓰고, <u>틀리면</u> 바르게 고치시오.

1 Sam <u>gos</u> to middle school. _____

2 The buses <u>run</u> every 30 minutes. _____

3 I <u>likes</u> comic books. _____

4 The museum <u>close</u> at 6:00 p.m. _____

5 The man <u>watchs</u> TV every night. _____

6 Jenny <u>visits</u> her grandma every summer. _____

7 The Earth <u>move</u> around the Sun. _____

8 The fairy <u>haves</u> wings. _____

9 Mom <u>kisses</u> me before bed. _____

10 My brother <u>fixs</u> my bike for me. _____

11 Many people <u>loves</u> sports. _____

12 Jin <u>studys</u> English every day. _____

WRITING FOCUS

A 배열 영작   우리말과 일치하도록 괄호 안의 말을 바르게 배열하시오.

1 그들은 영어를 열심히 공부한다. (study, English, they)

➡ _____ hard.

2 Ted는 하루 종일 컴퓨터 게임을 한다. (plays, Ted, computer games)

➡ _____ all day.

3 그 학생들은 김 선생님을 좋아한다. (Mr. Kim, the students, like)

➡ _____

4 Sally는 매일 그녀의 방을 청소한다. (Sally, her room, cleans)

➡ _____ every day.

5 그녀는 일 년에 한 번 뉴욕을 방문한다. (visits, she, New York)

➡ _____ once a year.

6 나의 부모님은 멋진 차를 가지고 계신다. (have, my parents, a nice car)

➡ _____

B 빈칸 완성   우리말과 일치하도록 괄호 안의 말을 이용하여 빈칸에 알맞은 말을 쓰시오.

1 나의 아버지는 운전해서 출근하신다. (drive to work)

➡ My father _____ _____ _____.

2 David는 밤 10시에 잠자리에 든다. (go to bed)

➡ David _____ _____ _____ at 10:00 p.m.

3 그녀는 항상 최선을 다한다. (try her best)

➡ She always _____ _____ _____.

4 그는 매일 머리를 감는다. (wash his hair)

➡ He _____ _____ _____ every day.

5 나무는 물에 뜬다. (float, on water)

➡ Wood _____ _____ _____.

6 Gina는 자주 꽃을 산다. (buy, flowers)

➡ Gina often _____ _____.

C 문장 완성 우리말과 일치하도록 괄호 안의 말을 이용하여 문장을 완성하시오.

1 우리는 하루에 세 끼를 먹는다. (eat, three meals)

→ We _____ a day.

2 Jenny는 대학에서 법학을 공부한다. (study, law)

→ _____ at her university.

3 그들은 최고의 파스타를 만든다. (make, the best pasta)

→ They _____.

4 그 식당은 밤 11시에 문을 닫는다. (close, at 11:00 p.m.)

→ The restaurant _____.

5 Jack은 소방서에서 일한다. (work)

→ _____ at a fire station.

6 Jane과 Sandra는 함께 테니스를 친다. (play tennis)

→ _____ together.

D 오류 수정 어법상 틀린 부분을 바르게 고쳐 문장을 다시 쓰시오.

1 I am listen to music every day. (나는 매일 음악을 듣는다.)

→ _____

2 Mr. Kim teachs our English class. (김 선생님은 우리의 영어 수업을 가르치신다.)

→ _____

3 Susan enjoy Korean food. (Susan은 한국 음식을 즐긴다.)

→ _____

4 My mother always worrys about me. (나의 어머니는 항상 나에 대해 걱정하신다.)

→ _____

5 The library have many books. (그 도서관에는 많은 책이 있다.)

→ _____

6 The children goes to school by bus. (그 아이들은 버스를 타고 학교에 간다.)

→ _____

UNIT 04 일반동사의 부정문과 의문문

GRAMMAR FOCUS

1 **일반동사 현재형의 부정문**

일반동사 현재형의 부정문은 주어에 따라 「do/does + not + 동사원형」 형태로 쓴다.

주어	부정문
I / you / we / they / 복수 명사	**don't[do not]** + 동사원형
he / she / it / 단수 명사	**doesn't[does not]** + 동사원형

I **do not like** action movies. 나는 액션 영화를 좋아하지 않는다.
We **don't live** here. 우리는 여기에 살지 않는다.
Sally **doesn't eat** meat. Sally는 고기를 먹지 않는다.

2 **일반동사 현재형의 의문문**

일반동사 현재형의 의문문은 「Do/Does + 주어 + 동사원형 ~?」 형태로 쓴다.

의문문	긍정의 대답	부정의 대답
Do + 주어 + 동사원형 ~?	Yes, 주어 + do.	No, 주어 + don't.
Does + 주어 + 동사원형 ~?	Yes, 주어 + does.	No, 주어 + doesn't.

A: **Do they have** a garden? 그들은 정원이 있나요?
B: Yes, they do. / No, they don't. 네, 그렇습니다. / 아니요, 그렇지 않습니다.

A: **Does he go** to school? 그는 학교에 다닙니까?
B: Yes, he does. / No, he doesn't. 네, 그렇습니다. / 아니요, 그렇지 않습니다.

EXERCISE A

다음 문장을 괄호 안의 지시대로 바꿔 쓰시오.

1 You like watermelons.

[부정문] You _____ _____ watermelons.

[의문문] _____ _____ _____ watermelons?

2 They work on Saturdays.

[부정문] They _____ _____ on Saturdays.

[의문문] _____ _____ _____ on Saturdays?

3 Maria dances ballet very well.

[부정문] Maria _____ _____ ballet very well.

[의문문] _____ _____ _____ ballet very well?

4 His parents live in Seattle.

[부정문] His parents _____ _____ in Seattle.

[의문문] _____ his parents _____ in Seattle?

B 우리말과 일치하도록 괄호 안의 말을 이용하여 문장을 완성하시오.

1 너는 조깅을 좋아하니? (like)

→ _____ _____ _____ jogging?

2 그는 가족이 없다. (have)

→ He _____ _____ a family.

3 Brian은 서울에 사니? (live)

→ _____ _____ _____ in Seoul?

4 그들은 학교에서 영어를 배우지 않는다. (learn)

→ They _____ _____ English at school.

5 나의 형은 자기 방을 청소하지 않는다. (clean)

→ My brother _____ _____ his room.

6 Emily는 자주 쇼핑을 하러 가니? (go)

→ _____ _____ often _____ shopping?

C 빈칸에 알맞은 말을 넣어 의문문에 대한 답을 완성하시오.

1 A: Does the train arrive at 3:00 p.m.?　　B: No, _____ _____ .

2 A: Do your cousins go to university?　　B: Yes, _____ _____ .

3 A: John, do you exercise every day?　　B: No, _____ _____ .

4 A: Does it smell good?　　B: Yes, _____ _____ .

5 A: Do they want pizza?　　B: No, _____ _____ .

6 A: Does she have a big family?　　B: Yes, _____ _____ .

7 A: Do Mexicans speak Spanish?　　B: Yes, _____ _____ .

8 A: Do your parents travel a lot?　　B: No, _____ _____ .

9 A: Do we know each other?　　B: Yes, _____ _____ .

10 A: Do pineapples grow on trees?　　B: No, _____ _____ .

11 A: Does your brother drive a car?　　B: No, _____ _____ .

12 A: Do the children walk to school?　　B: Yes, _____ _____ .

WRITING FOCUS

A 배열 영작 우리말과 일치하도록 괄호 안의 말을 바르게 배열하시오.

1 Ally는 치과에 가지 않는다. (doesn't, to the dentist, Ally, go)

→ _____

2 너는 애완동물이 있니? (you, have, do, a pet)

→ _____

3 그녀는 많은 돈을 쓰지 않는다. (doesn't, much money, she, spend)

→ _____

4 그들은 늦게까지 일하지 않는다. (work, they, don't, late)

→ _____

5 Tom은 집에서 그의 부모님을 도와 드리니? (Tom, does, his parents, help, at home)

→ _____

6 우리는 여기에 살지 않는다. (don't, live, we, here)

→ _____

B 빈칸 완성 우리말과 일치하도록 괄호 안의 말을 이용하여 빈칸에 알맞은 말을 쓰시오.

1 나의 아버지는 차를 운전하지 않으신다. (drive)

→ My father _____ _____ a car.

2 그녀는 해산물을 좋아하니? (she, like)

→ _____ _____ _____ seafood?

3 그들은 영어를 잘 이해하지 못한다. (understand)

→ They _____ _____ English well.

4 Alex과 Olivia는 여가 시간이 많지 않다. (have)

→ Alex and Olivia _____ _____ much free time.

5 너는 테니스를 치니? (you, play)

→ _____ _____ _____ tennis?

6 하와이에는 눈이 오지 않는다. (snow)

→ It _____ _____ in Hawaii.

C 문장 완성   우리말과 일치하도록 괄호 안의 말을 이용하여 문장을 완성하시오. (부정문은 줄임말을 쓸 것)

1 그녀는 공포 영화를 좋아하지 않는다. (like, horror movies)

→ She _____.

2 너는 매년 여름 휴가를 가니? (you, go on vacation)

→ _____ every summer?

3 나는 오늘 기분이 좋지 않다. (feel good)

→ I _____ today.

4 그는 저녁에는 커피를 마시지 않는다. (drink, coffee)

→ He _____ in the evening.

5 그 기계는 잘 작동하지 않는다. (work well)

→ The machine _____.

6 그들은 진실을 알고 있니? (they, know)

→ _____ the truth?

D 오류 수정   어법상 틀린 부분을 바르게 고쳐 문장을 다시 쓰시오.

1 Does she speaks French? (그녀는 프랑스어를 하니?)

→ _____

2 They not drink coffee. (그들은 커피를 마시지 않는다.)

→ _____

3 I am not like spicy food. (나는 매운 음식을 좋아하지 않는다.)

→ _____

4 Is Jerry live in Korea? (Jerry는 한국에 사니?)

→ _____

5 Mike doesn't knows Sarah very well. (Mike는 Sarah를 잘 알지 못한다.)

→ _____

6 Do your mother work at a hospital? (너의 어머니는 병원에서 일하시니?)

→ _____

문항 수	객관식 8 / 서술형 12
맞은 개수	/ 20

01 빈칸에 들어갈 말이 순서대로 짝지어진 것은?

> • Mr. Jones _____ from France.
> • Judy and I _____ 13 years old.

① is – is
② is – am
③ is – are
④ are – is
⑤ are – are

02 빈칸에 들어갈 말로 알맞지 <u>않은</u> 것은?

> _____ live in the country.

① I
② The people
③ The old man
④ Peter and Jane
⑤ My grandparents

빈출
03 〈보기〉의 밑줄 친 부분과 의미가 같은 것은?

> 보기 The students <u>are</u> in the classroom.

① They <u>are</u> my parents.
② Susan <u>is</u> a good singer.
③ My neighbors <u>are</u> friendly.
④ My cousin <u>is</u> a big fan of soccer.
⑤ The little child <u>is</u> next to the door.

04 빈칸에 들어갈 말로 어법상 알맞은 것은?

> Peter _____ every day.

① studys math
② take a shower
③ haves breakfast
④ goes to the gym
⑤ watchs news on TV

05 다음 중 대화가 자연스럽지 <u>않은</u> 것은?

① A: Are you tired?
　B: Yes, I do.
② A: Does he clean his room every day?
　B: No, he doesn't.
③ A: Do you have a sister?
　B: No, I don't. But I want to have one.
④ A: Do your friends play computer games?
　B: Yes, they do.
⑤ A: Is dinner ready?
　B: Yes, it is.

06 주어진 문장을 지시대로 바르게 바꾼 것은?

① She likes music. (부정문으로)
　→ She isn't like music.
② He is a good student. (의문문으로)
　→ Does he a good student?
③ You and your sister are close. (의문문으로)
　→ Do you and your sister close?
④ I get up early on Sundays. (부정문으로)
　→ I don't gets up early on Sundays.
⑤ The cat has a toy mouse. (의문문으로)
　→ Does the cat have a toy mouse?

빈출 고난도
07 다음 중 어법상 올바른 것은?

① I am not have a car.
② Mike don't runs fast.
③ They doesn't watch TV.
④ He and his brother are tall.
⑤ Is Tom walk to school every day?

고난도

08 어법상 올바른 문장의 개수는?

> ⓐ Do they speak English?
> ⓑ Is Bill and Kate your friends?
> ⓒ My brother go skiing every winter.
> ⓓ Your notebook isn't on the desk.
> ⓔ Does your mother a good cook?

① 1개　　　② 2개　　　③ 3개
④ 4개　　　⑤ 5개

✏ **서술형**

09 빈칸에 알맞은 be동사의 현재형을 쓰시오.

(1) John and Emily _____ pet lovers.

(2) Their house _____ on Main Street.

10 우리말과 일치하도록 주어진 말을 바르게 배열하시오.

(1) 네 책들은 탁자 위에 없다.

　　(are, on the table, not, your books)

→ _____

(2) 그녀는 친구가 많지 않다.

　　(does, many friends, have, she, not)

→ _____

11 주어진 문장을 지시에 맞게 바꿔 쓰시오.

(1) He is my English teacher. (부정문으로)

→ _____

(2) She lives far from school. (의문문으로)

→ _____

12 우리말과 일치하도록 주어진 말을 사용하여 문장을 완성하시오.

(1) 그와 나는 2학년이다. (in the second grade)

→ He and I _____.

(2) Emma는 패스트푸드를 먹지 않는다.

　　(eat, fast food)

→ _____.

13 어법상 틀린 부분을 찾아 바르게 고치시오.

(1) I don't be good at math.

　　(나는 수학을 잘 못한다.)

_____ → _____

(2) The children doesn't like vegetables.

　　(그 아이들은 채소를 좋아하지 않는다.)

_____ → _____

14 빈칸에 알맞은 말을 써서 대화를 완성하시오.

> A: Excuse me. Do you know Jason?
> B: _____, _____ _____.
> 　　He's my classmate.

15 〈보기〉에서 알맞은 말을 골라 문장을 완성하시오.

보기	are	is	do	does

(1) Sue, _____ your bag blue?

(2) My sisters _____ not like cheese.

(3) _____ Chris know about your secret?

16 그림을 보고, 〈조건〉에 맞게 대화를 완성하시오.

Cindy

조건   1. have를 활용할 것
      2. 동사는 현재형을 사용할 것

A: (1) _____ Cindy _____ two cats?
B: No, (2) _____ _____. She _____ three cats.

17 두 사람이 좋아하는 것을 나타낸 표를 보고, 〈조건〉에 맞게 문장을 완성하시오.

like	Tony	Julie
pasta	○	○
salad	×	○

조건   1. 표에 주어진 표현을 활용할 것
      2. 동사는 현재형을 사용하고, 부정문은
        줄임말을 쓸 것

(1) Tony and Julie _____ pasta.
(2) Tony _____ _____ salad, but
    Julie _____ it.

18 〈보기〉에서 필요한 단어들만 골라 배열하여 의문문을 완성하시오.

보기   is   does   he   she   your teacher

A: _____
B: No, she isn't. My teacher doesn't wear glasses.

19 괄호 안에서 알맞은 말을 골라 빈칸에 쓰시오.

(1) My name (am / is) Jessica.
(2) You and your friend (is / are) very kind.
(3) My sister (love / loves) Mexican food.
(4) We often (go / goes) shopping on
    weekends.

(1) _____   (2) _____
(3) _____   (4) _____

고난도
20 대화를 읽고, 어법상 틀린 것을 찾아 기호를 쓰고 바르게 고치시오.

A: Hi, Susan. ⓐAre you free today?
B: Yes, I ⓑam. What's up?
A: I ⓒhave two tickets to a baseball game.
    ⓓAre you want to go with me?
B: Of course. ⓔI'm a big fan of baseball.

(   ) → _____

Chapter 02

시제

└

GRAMMAR FOCUS

1 과거시제

과거시제는 과거에 일어난 일을 나타낸다. 주로 yesterday, last ~, ~ ago, in 2020 등 과거의 특정 시점을 나타내는 표현과 함께 쓰인다.

2 be동사의 과거형

주어에 따라 was나 were를 쓰고, '~였다, (~에) 있었다'로 해석한다.

주어	be동사의 과거형
I / he / she / it / 단수 명사	**was**
we / you / they / 복수 명사	**were**

She **was** an actress. 그녀는 배우였다.   They **were** at home. 그들은 집에 있었다.

3 일반동사의 과거형

주어의 인칭과 수에 관계없이 형태가 같으며, 동사원형에 -(e)d를 붙여 만드는 규칙 변화와 동사마다 형태가 다른 불규칙 변화가 있다.

대부분의 동사	동사원형 + **-ed**	cook**ed** finish**ed** listen**ed** watch**ed**
「자음 + e」로 끝나는 동사	동사원형 + **-d**	danc**ed** invit**ed** mov**ed** smil**ed**
「자음 + y」로 끝나는 동사	**y**를 **i**로 고치고 + **-ed**	cry → cr**ied** study → stud**ied** try → tr**ied** *「모음 + y」는 동사원형 + -ed: enjoy**ed**, play**ed**, stay**ed**
「단모음 + 단자음」으로 끝나는 동사	자음을 한 번 더 쓰고 + **-ed**	drop → drop**ped** hug → hug**ged** plan → plan**ned** stop → stop**ped**
불규칙 변화		have → **had** go → **went** make → **made** read → **read** ride → **rode** drink → **drank** sleep → **slept** write → **wrote**

EXERCISE A   괄호 안에서 알맞은 것을 고르시오.

1 I (was, were) 14 years old.

2 They (was, were) in the classroom.

3 We (ate, eated) pizza for lunch.

4 The baby (cried, cryed) for her mom.

5 He (stoped, stopped) the car at the red light.

6 We (had, haved) a great time at the beach.

7 My dad (goed, went) to work.

8 Jane (write, wrote) a letter to her grandma.

EXERCISE B

괄호 안의 동사를 과거형으로 바꿔 문장을 완성하시오.

1 Last week, they _____ for a walk in the park. (go)

2 It _____ warm and sunny yesterday. (be)

3 We _____ for a test last night. (study)

4 Yesterday, Sam _____ a movie at home. (watch)

5 Jack and I _____ 12 years old last year. (be)

6 She _____ some eggs and carrots. (buy)

7 Mary _____ to the radio this morning. (listen)

8 Ben _____ some cookies for us last week. (make)

9 The man _____ a book about Korean history. (read)

10 I _____ orange juice this morning. (drink)

11 Susie and Tom _____ in Japan last winter. (be)

12 Emily _____ a bad dream last night. (have)

EXERCISE C

우리말과 일치하도록 〈보기〉에서 알맞은 동사를 골라 문장을 완성하시오. (필요시 형태를 바꿀 것)

보기	do	know	leave	put	sing

1 나는 방과 후에 내 숙제를 했다.

→ I _____ my homework after school.

2 그 기차는 10분 전에 떠났다.

→ The train _____ ten minutes ago.

3 John은 그 도시를 아주 잘 알고 있었다.

→ John _____ the city very well.

4 Molly는 그녀가 가장 좋아하는 노래를 불렀다.

→ Molly _____ her favorite song.

5 그는 소파 위에 자신의 서류 가방을 올려 두었다.

→ He _____ his briefcase on the sofa.

WRITING FOCUS

A 배열 영작   우리말과 일치하도록 괄호 안의 말을 바르게 배열하시오.

1 나의 할머니는 1951년에 태어나셨다. (born, my grandmother, was)

→ _____ in 1951.

2 그녀는 5분 전에 부엌에 있었다. (was, she, in the kitchen)

→ _____ five minutes ago.

3 그는 조용히 문을 닫았다. (the door, he, closed)

→ _____ quietly.

4 John은 하루 종일 컴퓨터 게임을 했다. (played, John, computer games)

→ _____ all day.

5 그들은 지난주에 새 차를 샀다. (they, a new car, bought)

→ _____ last week.

6 우리는 어제 콘서트에 갔다. (went, to the concert, we)

→ _____ yesterday.

B 빈칸 완성   우리말과 일치하도록 괄호 안의 말을 이용하여 빈칸에 알맞은 말을 쓰시오.

1 그는 이틀 전에 나에게 선물을 보냈다. (send, a present)

→ He _____ _____ _____ to me two days ago.

2 우리는 숲속에 있는 오두막에 머물렀다. (stay, in a cabin)

→ We _____ _____ _____ _____ in the woods.

3 Kate와 Susan은 어제 학교에 지각했다. (late)

→ Kate and Susan _____ _____ for school yesterday.

4 나의 오빠는 그의 방에서 몇 가지 운동을 했다. (do some exercises)

→ My brother _____ _____ _____ in his room.

5 Tina는 작년에 나의 반 친구였다. (my classmate)

→ Tina _____ _____ _____ last year.

6 우리는 하늘에서 뭔가를 보았다. (see, something)

→ We _____ _____ in the sky.

C 문장 완성   우리말과 일치하도록 괄호 안의 말을 이용하여 문장을 완성하시오.

1 나는 실수로 그 창문을 깼다. (break, the window)

→ I _____ by mistake.

2 그녀는 어젯밤에 열 시간 동안 잤다. (sleep, for ten hours)

→ She _____ last night.

3 나는 오늘 아침에 두통이 있었다. (have, a headache)

→ I _____ this morning.

4 Paul은 하루 종일 그의 방에 있었다. (be, in his room)

→ Paul _____ all day.

5 그 숙녀는 벤치에 앉았다. (sit, on the bench)

→ The lady _____ .

6 그들은 케이크를 네 조각으로 잘랐다. (cut, the cake)

→ They _____ into four pieces.

D 오류 수정   어법상 틀린 부분을 바르게 고쳐 문장을 다시 쓰시오.

1 The weather were nice yesterday. (어제는 날씨가 좋았다.)

→ _____

2 They help us last night. (그들은 어젯밤에 우리를 도와주었다.)

→ _____

3 I readed the book two years ago. (나는 2년 전에 그 책을 읽었다.)

→ _____

4 He openned a new YouTube channel last month. (그는 지난달에 새로운 유튜브 채널을 개설했다.)

→ _____

5 I was meet Mary at school this morning. (나는 오늘 아침 학교에서 Mary를 만났다.)

→ _____

6 We goed to Gyeongju last weekend. (우리는 지난 주말에 경주에 갔다.)

→ _____

UNIT 02 과거시제의 부정문과 의문문

GRAMMAR FOCUS

① **be동사 과거형의 부정문과 의문문**

be동사 과거형의 부정문은 「was/were + not」 형태로 쓰고, '~이 아니었다, (~에) 있지 않았다'로 해석한다.
의문문은 「Was/Were + 주어 ~?」 형태로 묻고, be동사의 과거형을 사용해서 대답한다.

주어	부정문	의문문
I / he / she / it / 단수 명사	**wasn't[was not]**	**Was** + 주어 ~?
we / you / they / 복수 명사	**weren't[were not]**	**Were** + 주어 ~?

I **wasn't** busy yesterday. 나는 어제 바쁘지 않았다.

He **was not** a famous singer last year. 그는 작년에는 유명한 가수가 아니었다.

They **weren't** at the library an hour ago. 그들은 한 시간 전에는 도서관에 없었다.

A: **Were you** a college student last year? 당신은 작년에 대학생이었습니까?
B: Yes, I was. / No, I wasn't. 네, 그렇습니다. / 아니요, 그렇지 않습니다.

② **일반동사 과거형의 부정문과 의문문**

일반동사 과거형의 부정문은 「didn't[did not] + 동사원형」 형태로 쓴다. 의문문은 「Did + 주어 + 동사원형 ~?」 형태로
묻고, did를 사용해서 대답한다.

부정문	의문문
didn't[did not] + 동사원형	**Did** + 주어 + 동사원형 ~?

We **didn't have** time. 우리는 시간이 없었다.

James **did not do** his homework. James는 그의 숙제를 하지 않았다.

A: **Did they go** to the movies? 그들은 영화를 보러 갔습니까?
B: Yes, they did. / No, they didn't. 네, 그렇습니다. / 아니요, 그렇지 않습니다.

EXERCISE A

괄호 안에서 알맞은 것을 고르시오.

1 The test (wasn't, weren't) difficult.

2 The cookies (wasn't, weren't) delicious to me.

3 She (doesn't, didn't) call me last night.

4 I (wasn't, didn't) like the food at the restaurant.

5 (Was, Did) John late for work this morning?

6 (Did, Were) you draw this picture in art class?

7 Did he (find, finds) his wallet yesterday?

8 Did they (see, saw) the Eiffel Tower in Paris?

EXERCISE B

다음 문장을 괄호 안의 지시대로 바꿔 쓰시오. (부정문은 줄임말을 쓸 것)

1 The jacket was expensive.

[부정문] _____

[의문문] _____

2 They were happy with the results.

[부정문] _____

[의문문] _____

3 You paid the bill last week.

[부정문] _____

[의문문] _____

4 He went to elementary school in New York.

[부정문] _____

[의문문] _____

EXERCISE C

우리말과 일치하도록 괄호 안의 말을 이용하여 문장을 완성하시오.

1 우리는 어제 여기에 없었다. (here)

→ We _____ _____ yesterday.

2 그 콘서트는 즐겁지 않았다. (enjoyable)

→ The concert _____ _____ .

3 그녀는 지난 주말에 차를 운전하지 않았다. (drive)

→ She _____ _____ her car last weekend.

4 여행하는 동안 날씨가 좋았니? (good)

→ _____ the weather _____ during the trip?

5 Sam은 새 청바지를 샀니? (buy)

→ _____ Sam _____ new jeans?

6 그들은 일찍 잠자리에 들었니? (go)

→ _____ they _____ to bed early?

WRITING FOCUS

A 배열 영작   우리말과 일치하도록 괄호 안의 말을 바르게 배열하시오.

1 우리는 지난 주말에 공원에 가지 않았다. (did, go, not, we, to the park)

→ _____ last weekend.

2 Chris는 어제 집에 있지 않았다. (not, at home, Chris, was)

→ _____ yesterday.

3 너는 폭풍우에 관한 소식을 들었니? (you, did, the news, hear)

→ _____ about the storm?

4 너는 어제 바빴니? (you, busy, were)

→ _____ yesterday?

5 그녀는 나를 그 파티에 초대하지 않았다. (did, invite, not, she, me)

→ _____ to the party.

6 너는 어젯밤에 시험공부를 했니? (study, you, for the exam, did)

→ _____ last night?

B 빈칸 완성   우리말과 일치하도록 괄호 안의 말을 이용하여 빈칸에 알맞은 말을 쓰시오.

1 그녀는 피아노 치는 것을 배웠니? (she, learn)

→ _____ _____ _____ to play the piano?

2 그는 어제 아프지 않았다. (sick)

→ He _____ _____ yesterday.

3 Jack과 나는 소풍을 가지 않았다. (go)

→ Jack and I _____ _____ on a picnic.

4 나는 아침 식사를 거르지 않았다. (skip)

→ I _____ _____ breakfast.

5 너는 어젯밤에 배가 고팠니? (you, hungry)

→ _____ _____ _____ last night?

6 그 아이들은 영어를 전혀 이해하지 못했다. (understand)

→ The children _____ _____ English at all.

C 문장 완성 우리말과 일치하도록 괄호 안의 말을 이용하여 문장을 완성하시오. (부정문은 줄임말을 쓸 것)

1 너는 서울에서 태어났니? (you, born)

→ _____ in Seoul?

2 그녀는 자신의 마음을 전혀 바꾸지 않았다. (change, her mind)

→ She _____ at all.

3 너는 지난주에 그 식당에 갔었니? (you, go to the restaurant)

→ _____ last week?

4 나는 오늘 아무것도 먹지 않았다. (eat, anything)

→ I _____ today.

5 그는 어제 안경을 쓰지 않았다. (wear, glasses)

→ He _____ yesterday.

6 그 하키 선수들은 경기 후에도 피곤하지 않았다. (tired)

→ The hockey players _____ after the game.

D 오류 수정 어법상 틀린 부분을 바르게 고쳐 문장을 다시 쓰시오.

1 They aren't at the playground yesterday. (그들은 어제 놀이터에 없었다.)

→ _____

2 Do you enjoy the movie last night? (너는 어젯밤에 그 영화를 재미있게 봤니?)

→ _____

3 The magazine weren't on the table. (그 잡지는 탁자 위에 없었다.)

→ _____

4 We didn't watched the parade. (우리는 그 퍼레이드를 보지 않았다.)

→ _____

5 Were your mom angry yesterday? (너희 엄마는 어제 화가 나셨니?)

→ _____

6 Did the boy broke the toy? (그 남자아이가 장난감을 망가뜨렸니?)

→ _____

UNIT 03 미래시제

① 미래시제

미래시제는 미래의 일에 대한 예측, 주어의 의지, 예정된 계획 등을 나타낸다. will과 be going to를 써서 나타내며, 주로 tomorrow, next ~, 「in + 기간」 등 미래를 나타내는 표현과 함께 쓰인다.

② will

will은 미래의 일에 대한 예측(~할 것이다)이나 주어의 의지(~하겠다)를 나타낸다. will은 주어의 인칭과 수에 관계없이 형태가 같으며, will 뒤에는 동사원형을 쓴다.

긍정문	**will** + 동사원형	I **will be** 15 years old next year.
부정문	**will not[won't]** + 동사원형	It **will not[won't] rain** tomorrow.
의문문	**Will** + 주어 + 동사원형 ~?	A: **Will** you **go** shopping with me? B: Yes, I will. / No, I won't.

③ be going to

be going to는 미래의 일에 대한 예측(~할 것이다)이나 예정된 계획(~할 예정이다)을 나타낸다. be동사는 주어에 따라 달라지며, be going to 뒤에는 동사원형을 쓴다.

긍정문	**be going to** + 동사원형	I **am going to meet** Jane after school.
부정문	**be not going to** + 동사원형	He **is not going to buy** the car.
의문문	**Be**동사 + 주어 + **going to** + 동사원형 ~?	A: **Are** you **going to be** at home? B: Yes, I am. / No, I'm not.

> **plus** will vs. be going to
>
> 미래의 일에 대한 예측은 will과 be going to를 모두 쓸 수 있지만, 말하는 순간의 즉흥적 결정은 will, 예정된 계획은 be going to를 쓴다.
>
> Your bag looks heavy. **I'll** help you with it. 네 가방이 무거워 보여. 내가 도와줄게. 〈즉흥적 결정〉
> They **are going to** move on May 15. 그들은 5월 15일에 이사를 갈 예정이다. 〈예정된 계획〉

EXERCISE A

괄호 안에서 알맞은 것을 고르시오.

1 He will (cook, cooks) dinner tonight.

2 The weather will (is, be) good tomorrow.

3 I (will, am going) to run a marathon next spring.

4 We (will, is going to) go camping on Saturday.

5 I am going (get, to get) a haircut soon.

6 They will (buy, to buy) a new car in a month.

7 My father (will, wills) drive me to school tomorrow.

B 다음 문장을 괄호 안의 지시대로 바꿔 쓰시오.

1 They are going to buy the house. (부정문)

→ _____

2 Peter will need your help. (부정문)

→ _____

3 She is going to travel to Europe next month. (의문문)

→ _____

4 We will see each other soon. (의문문)

→ _____

5 I am going to wear that dress to the party. (부정문)

→ _____

6 You will get up early tomorrow morning. (의문문)

→ _____

C 빈칸에 알맞은 말을 써서 미래시제의 의문문과 대답을 완성하시오.

1 A: _____ you read a book after dinner?

B: Yes, _____ _____.

2 A: _____ she going to move to San Francisco?

B: No, _____ _____.

3 A: _____ they going to travel by plane?

B: Yes, _____ _____.

4 A: _____ it rain tomorrow?

B: No, _____ _____.

5 A: _____ Mr. Smith going to work tomorrow?

B: Yes, _____ _____.

6 A: _____ your brother be 20 years old next year?

B: Yes, _____ _____.

WRITING FOCUS

A 배열 영작 우리말과 일치하도록 괄호 안의 말을 바르게 배열하시오.

1 나는 다음 학기에 중국어를 배울 것이다. (learn, will, Chinese, I)

→ _____ next semester.

2 그는 가을에 유학을 갈 예정이다. (is, to, going, he, study abroad)

→ _____ in the fall.

3 우리는 그 버스를 타지 않을 것이다. (will, the bus, not, take)

→ We _____.

4 Brian은 수영하러 가지 않을 예정이다. (is, to, going, not, go)

→ Brian _____ swimming.

5 너는 이번 주말에 한가하니? (you, be, will, free)

→ _____ this weekend?

6 Jack은 내일 그 파티에 올 예정이니? (Jack, come, to, going, is)

→ _____ to the party tomorrow?

B 빈칸 완성 우리말과 일치하도록 괄호 안의 말을 이용하여 빈칸에 알맞은 말을 쓰시오.

1 내 여동생은 내년에 열 살이 될 것이다. (be)

→ My sister _____ _____ 10 years old next year.

2 우리는 내일 집을 청소할 예정이다. (clean)

→ We _____ _____ _____ _____ the house tomorrow.

3 Steve는 당신을 기다리지 않을 것이다. (wait)

→ Steve _____ _____ _____ for you.

4 다음 주에는 눈이 오지 않을 것이다. (snow)

→ It _____ _____ _____ _____ _____ next week.

5 너는 그 컴퓨터를 사용할 거니? (you, use)

→ _____ _____ _____ the computer?

6 그는 댄스 동아리에 가입할 예정이니? (he, join)

→ _____ _____ _____ _____ the dance club?

C 문장 완성 우리말과 일치하도록 괄호 안의 말을 이용하여 문장을 완성하시오.

1 나는 스페인어를 공부할 것이다. (will, study)

→ I _____ Spanish.

2 Jane은 학교 축제에서 공연을 할 예정이다. (be going to, perform)

→ Jane _____ at the school festival.

3 우리는 공항까지 택시를 타지 않을 것이다. (will, take a taxi)

→ We _____ to the airport.

4 나는 오늘 밤 TV를 보지 않을 예정이다. (be going to, watch TV)

→ I _____ tonight.

5 너는 6시까지 회사에 있을 거니? (you, will, at work)

→ _____ by 6 o'clock?

6 Tom은 한국에 돌아올 예정이니? (be going to, come back)

→ _____ to Korea?

D 오류 수정 밑줄 친 부분을 바르게 고쳐 문장을 다시 쓰시오.

1 The bus will <u>comes</u> soon. (버스가 곧 올 것이다.)

→ _____

2 She <u>will</u> going to visit Canada next year. (그녀는 내년에 캐나다를 방문할 예정이다.)

→ _____

3 I will <u>learning</u> how to play the violin. (나는 바이올린 연주하는 법을 배울 것이다.)

→ _____

4 He <u>willn't</u> call you tonight. (그는 오늘 밤 너에게 전화하지 않을 것이다.)

→ _____

5 <u>Do</u> you be at home tomorrow? (너는 내일 집에 있을 거니?)

→ _____

6 Are they going <u>study</u> at the library? (그들은 도서관에서 공부할 예정이니?)

→ _____

UNIT 04 현재진행형

GRAMMAR FOCUS

1 현재진행형

현재진행형은 지금 진행 중인 동작을 나타낼 때 쓴다. 주어에 따라 「am/is/are + 동사원형-ing」 형태로 쓰고, '~하고 있다, ~하는 중이다'로 해석한다.

I	**am walking**	in the park.	나는 공원을 **걷고 있다.**
She	**is making**	a cup of tea.	그녀는 차 한 잔을 **타고 있다.**
They	**are watching**	a movie.	그들은 영화를 **보고 있다.**

2 동사의 -ing형 만들기

대부분의 동사	동사원형 + **-ing**	eat**ing** read**ing** watch**ing** study**ing**
-e로 끝나는 동사	e를 빼고 + **-ing**	come → com**ing** write → writ**ing**
-ie로 끝나는 동사	ie를 y로 고치고 + **-ing**	die → d**ying** lie → l**ying** tie → t**ying**
「단모음 + 단자음」으로 끝나는 동사	자음을 한 번 더 쓰고 + **-ing**	cut → cut**ting** sit → sit**ting** run → run**ning** swim → swim**ming**

3 현재진행형의 부정문과 의문문

현재진행형의 부정문은 be동사 뒤에 not을 써서 나타내고, 의문문은 be동사를 주어 앞에 써서 나타낸다.

| 부정문 | **am/is/are** + **not** + 동사원형-**ing** | They **are not[aren't] playing** tennis. |
| 의문문 | **Am/Is/Are** + 주어 + 동사원형-**ing** ~? | A: **Are you waiting** for the bus?
B: Yes, I am. / No, I'm not. |

EXERCISE A

밑줄 친 동사를 현재진행형으로 바꿔 쓰시오.

1 I <u>walk</u> my dog.

→ I _____ my dog.

2 The lion <u>runs</u> after the zebra.

→ The lion _____ after the zebra.

3 Tom and Jane <u>fly</u> kites.

→ Tom and Jane _____ kites.

4 Some people <u>lie</u> in the sun.

→ Some people _____ in the sun.

B 다음 문장을 괄호 안의 지시대로 바꿔 쓰시오. (부정문은 줄임말을 쓸 것)

1 We are learning English. (부정문)

➡ _____

2 John is helping his parents. (부정문)

➡ _____

3 The oven is working. (부정문)

➡ _____

4 You are writing an email. (의문문)

➡ _____

5 They are swimming in the pool. (의문문)

➡ _____

6 It is raining right now. (의문문)

➡ _____

C 괄호 안의 말을 이용하여 현재진행형 문장을 완성하시오. (부정문은 줄임말을 쓸 것)

1 She _____ a song. (sing)

2 _____ Kevin _____ to the park? (go)

3 They _____ their room. (not, clean)

4 Mom and Dad _____ at the market. (shop)

5 My friend _____ next to me. (sit)

6 _____ David still _____? (sleep)

7 The boys _____ hockey. (not, play)

8 My father _____ TV now. (not, watch)

9 The sun _____ brightly. (shine)

10 I _____ for my cellphone. (look)

11 Mike _____ his new sunglasses. (wear)

12 _____ you _____ your homework? (do)

WRITING FOCUS

A 문장 전환   다음 문장을 현재진행형 문장으로 바꿔 쓰시오.

1 The passengers get off the train.

→ _____

2 Susie and her friends go to the library.

→ _____

3 We make a cake for Emma's birthday.

→ _____

4 They don't use the copy machine.

→ _____

5 Do they shop at the mall?

→ _____

6 My father doesn't wear a tie.

→ _____

B 빈칸 완성   우리말과 일치하도록 괄호 안의 말을 이용하여 빈칸에 알맞은 말을 쓰시오.

1 나뭇잎들이 나무에서 떨어지고 있다. (fall)

→ Leaves _____ _____ from the trees.

2 너는 지금 그 컴퓨터를 사용하고 있니? (you, use)

→ _____ _____ _____ the computer now?

3 그들은 지금 창문을 닦고 있지 않다. (clean)

→ They _____ _____ the windows now.

4 우리는 해변에 누워 있다. (lie)

→ We _____ _____ on the beach.

5 그들은 동물원에서 즐거운 시간을 보내고 있다. (have)

→ They _____ _____ a good time at the zoo.

6 내 친구와 나는 새로운 게임을 하고 있다. (play)

→ My friend and I _____ _____ a new game.

C 문장 완성 우리말과 일치하도록 괄호 안의 말을 이용하여 문장을 완성하시오. (부정문은 줄임말을 쓸 것)

1 그녀는 머리를 빗고 있다. (comb her hair)

→ She _____ .

2 그 아이들은 모래성을 쌓고 있다. (build a sandcastle)

→ The children _____ .

3 그들은 기차로 여행하고 있다. (travel by train)

→ They _____ .

4 너는 내 말을 듣고 있지 않다. (listen to me)

→ You _____ .

5 그 남자는 길을 묻고 있다. (ask for directions)

→ The man _____ .

6 그녀는 문자를 보내고 있니? (she, send)

→ _____ a text message?

D 오류 수정 어법상 틀린 부분을 바르게 고쳐 문장을 다시 쓰시오.

1 Jimmy and I am waiting for the bus. (Jimmy와 나는 버스를 기다리고 있다.)

→ _____

2 They moving the box to the store. (그들은 그 상자를 가게로 옮기고 있다.)

→ _____

3 The man is cut the grass in the yard. (그 남자는 마당에서 잔디를 깎고 있다.)

→ _____

4 Do they jumping on the bed now? (그들은 지금 침대에서 뛰고 있니?)

→ _____

5 Luckily, the baby not is crying at the moment. (다행히 그 아기는 지금 울고 있지 않다.)

→ _____

6 It doesn't snowing outside. (밖에는 눈이 내리고 있지 않다.)

→ _____

ACTUAL TEST

빈출

01 동사의 현재형과 과거형이 바르게 짝지어진 것은?

① cry – cryed
② hit – hitted
③ find – found
④ plan – planed
⑤ teach – thought

[02-03] 빈칸에 들어갈 말로 알맞은 것을 고르시오.

02
> Yujin _____ an interesting book last month.

① read
② reads
③ readed
④ will read
⑤ is reading

03
> We _____ on a picnic tomorrow.

① go
② went
③ going to go
④ will going to go
⑤ are going to go

04 밑줄 친 부분이 올바른 것은?

① She is <u>eatting</u> an apple.
② The baby is <u>smileing</u> at me.
③ A man is <u>siting</u> on the bench.
④ He is <u>writing</u> a letter to his mom.
⑤ The dog is <u>runing</u> around the tree.

05 다음 중 대화가 자연스럽지 <u>않은</u> 것은?

① A: Are you listening to music?
   B: No, I'm not.
② A: Are you having a good time?
   B: Yes, we are.
③ A: Is your sister baking cookies?
   B: No, she isn't.
④ A: Is your classmates playing soccer?
   B: Yes, they are.
⑤ A: Am I doing this exercise correctly?
   B: Yes, you are.

[06-07] 어법상 올바른 것을 고르시오.

06
① Eva didn't liked her job.
② It not was sunny yesterday.
③ He worked for six hours today.
④ Were your birthday last Saturday?
⑤ Did you heard the noise last night?

07
① Will you cook dinner tonight?
② I will am 15 years old next year.
③ Ben doesn't will go to the concert.
④ Kevin will plays basketball after school.
⑤ My mom wills meet my teacher tomorrow.

고난도

08 어법상 올바른 문장의 개수는?

> ⓐ Last year, I traveled to Greece.
> ⓑ My sister and I make pizza yesterday.
> ⓒ Did they get married next year?
> ⓓ He won't be going to work tomorrow.
> ⓔ Are Joe and Sue watching TV now?

① 1개
② 2개
③ 3개
④ 4개
⑤ 5개

✏ 서술형

09 주어진 말을 활용하여 문장을 완성하시오.

(1) They _____ the champions last year.
(be)

(2) I _____ 5 kilometers yesterday. (run)

(3) The rain _____ an hour ago. (stop)

10 우리말과 일치하도록 주어진 말을 바르게 배열하시오.

(1) 우리는 그를 위해 깜짝 파티를 열 것이다.

(him, we, throw, will, a surprise party, for)

→ _____

(2) 그들은 한 달 후 이사를 갈 계획이다.

(they, to, a month, are, move, going, in)

→ _____

11 주어진 문장을 〈예시〉와 같이 현재진행형으로 바꿔 쓰시오.

> 예시 She speaks Korean.
> → She is speaking Korean.

(1) Tom and Alice chat on the phone.

→ _____

(2) He doesn't ride a bike.

→ _____

(3) Do you clean your room?

→ _____

12 우리말과 일치하도록 주어진 말을 활용하여 문장을 완성하시오. (부정문은 줄임말을 쓸 것)

(1) 그 수업은 너무 어려웠니? (the lesson)

→ _____ too difficult?

(2) 그는 뉴스를 보고 있지 않다. (watch)

→ He _____ the news.

(3) 오늘 밤은 추울 것이다. (be going to, cold)

→ It _____ tonight.

13 어법상 틀린 부분을 찾아 바르게 고치시오.

(1) He first meets his wife ten years ago.

_____ → _____

(2) The shop willn't open next Monday.

_____ → _____

14 〈보기〉에서 필요한 단어들만 골라 대화를 완성하시오.

보기	do	did	buy	bought

A: _____ you _____ a gift for Jane's birthday yesterday?

B: Yes, I _____ a new phone case. I hope she likes it.

15 그림을 보고, 주어진 말을 활용하여 문장을 완성하시오.

yesterday   tomorrow

(1) She _____ _____ yesterday.
   (play golf)

(2) She _____ _____ _____
   tomorrow. (go jogging)

16 다음 표를 보고, Dave가 어제 한 일과 하지 않은 일을 〈예시〉와 같이 완성하시오.

Dave's Check List	
☐ have breakfast	×
☐ take a walk	○
☐ do the dishes	×
☐ study math for an hour	○

> 예시   He didn't have breakfast.

(1) He _____ .
(2) He _____ .
(3) He _____ .

17 주어진 말을 활용하여 대화를 완성하시오.

> A: Is Peter doing his homework?
> B: No, he _____ a nap in his room. (take)

18 〈보기〉에 주어진 단어를 활용하여 글을 완성하시오.

> 보기   build   have   lie   swim

> It is a hot summer day. Jack and his family (1) _____ a wonderful time at the beach. Jack (2) _____ in the sea. His little brother (3) _____ a sandcastle. His parents (4) _____ on the beach and watching their kids to be sure they are safe.

[19-20] 다음 글을 읽고, 물음에 답하시오.

> Last week, Mina's family ⓐgo on a trip to Jeju Island. They ⓑstayed there for five days. They ⓒvisited many beautiful places. They ⓓeat a lot of delicious food, too. The trip ⓔwas so much fun. 그들은 내년에 다시 제주도를 방문할 것이다. (be going to, visit)

고난도

19 어법상 틀린 것을 찾아 기호를 쓰고 바르게 고치시오.

(   ) → _____

20 밑줄 친 우리말과 일치하도록 주어진 말을 활용하여 문장을 완성하시오.

→ They _____ Jeju Island again next year.

Chapter 03

조동사

┗

UNIT 01 can, may

GRAMMAR FOCUS

① 조동사

조동사는 동사 앞에 쓰여 능력, 추측, 허가, 의무, 조언 등의 의미를 더해 주는 말이다. 조동사는 주어의 인칭과 수에 관계없이 형태가 같으며, 뒤에 항상 동사원형을 쓴다.

② can

조동사 can은 능력이나 가능, 허가, 요청을 나타낸다. 부정형은 cannot[can't]이며, 과거형은 could를 쓴다.

능력·가능	~할 수 있다	Nate **can** play the piano. The baby **cannot[can't]** walk. (~할 수 없다) I **could** read at the age of five. (~할 수 있었다)
허가	~해도 좋다	You **can** use my cellphone. A: **Can** I borrow your book? B: Yes, you **can**. / No, you **can't**.
요청	~해 줄래?	**Can** you open the window, please?

plus '~할 수 있다'는 뜻의 can은 be able to로 바꿔 쓸 수 있으며, 미래형은 will be able to로 쓴다.

I **am able to** speak Japanese. (~할 수 있다)

He **was able to** solve the problem. (~할 수 있었다)

They **will be able to** win the game. (~할 수 있을 것이다)
— will can (×)

③ may

조동사 may는 약한 추측과 허가를 나타낸다.

약한 추측	~일지도 모른다	Hurry up! We **may** miss the train. She **may not** come tonight. (~이 아닐지도 모른다)
허가	~해도 좋다	You **may** sit here. You **may not** enter the room. (~하면 안 된다) A: **May** I join you? *may가 can보다 정중한 표현 B: Yes, you **may**. / No, you **may not**.

EXERCISE A

밑줄 친 부분에 해당하는 의미를 고르시오.

1 Cheetahs <u>can</u> run fast.   ⓐ 능력   ⓑ 허가

2 The baby <u>may</u> be hungry.   ⓐ 허가   ⓑ 추측

3 <u>Can</u> you swim well?   ⓐ 능력   ⓑ 요청

4 <u>Can</u> you turn off the TV, please?   ⓐ 능력   ⓑ 요청

5 <u>May</u> I borrow your pen?   ⓐ 허가   ⓑ 추측

6 You <u>may not</u> park your car here.   ⓐ 허가   ⓑ 추측

EXERCISE B

다음 문장을 괄호 안의 조동사를 사용하여 다시 쓰시오. (단, 시제는 바꾸지 말 것)

1 He fixes cars. (can)

→ _____

2 She is a doctor. (may)

→ _____

3 He doesn't like the idea. (may)

→ _____

4 Peter ran a marathon last year. (can)

→ _____

5 I passed the exam. (be able to)

→ _____

6 Do I use your computer? (may)

→ _____

EXERCISE C

〈보기〉에서 알맞은 동사를 고른 후, can 또는 may를 함께 써서 문장을 완성하시오.

보기	ask	be	catch	lift	thread

1 당신은 이 상자를 들 수 있습니까? – 네, 들 수 있습니다.

→ _____ _____ _____ this box? – Yes, I can.

2 나의 할머니는 바늘에 실을 꿸 수 없다.

→ My grandmother _____ _____ a needle.

3 제가 질문 하나 해도 될까요? – 네, 하셔도 좋습니다.

→ _____ _____ _____ a question? – Yes, you may.

4 네 코트를 입어. 너는 감기에 걸릴지도 몰라.

→ Put on your coat. You _____ _____ a cold.

5 그 소문은 사실이 아닐지도 모른다.

→ The rumor _____ _____ _____ true.

WRITING FOCUS

A 배열 영작   우리말과 일치하도록 괄호 안의 말을 바르게 배열하시오.

1 그는 바이올린을 연주할 수 있다. (can, play, he, the violin)

→ _____

2 나는 불고기를 만들 수 있다. (I, able, to, am, *bulgogi*, make)

→ _____

3 너는 우리의 여행에 합류해도 좋다. (you, join, on our trip, can, us)

→ _____

4 그 과학자는 천재일지도 모른다. (may, the scientist, be, a genius)

→ _____

5 그녀는 매운 음식을 좋아하지 않을지도 모른다. (may, like, she, spicy food, not)

→ _____

6 주목해 주시겠습니까? (have, may, your attention, I)

→ _____

B 빈칸 완성   우리말과 일치하도록 괄호 안의 말을 이용하여 빈칸에 알맞은 말을 쓰시오.

1 나는 내 방에서 바다를 볼 수 있다. (see)

→ I _____ _____ the ocean from my room.

2 너는 그 소파에 앉아도 좋다. (sit)

→ You _____ _____ on the sofa.

3 제가 이번 주말에 당신을 방문해도 될까요? (visit)

→ _____ I _____ you this weekend?

4 Nick은 맨 위 선반에 닿을 수 없다. (able, reach)

→ Nick _____ _____ _____ _____ _____ the top shelf.

5 그녀는 오늘 밤에 외출하는 것을 원하지 않을지도 모른다. (want)

→ She _____ _____ _____ to go out tonight.

6 이 지역에서 괜찮은 식당을 추천해 줄 수 있니? (recommend)

→ _____ you _____ a good restaurant in this area?

C 문장 완성 　우리말과 일치하도록 괄호 안의 말을 이용하여 문장을 완성하시오.

1 Nancy는 테니스를 칠 수 있니? (can, play)

→ _____ tennis?

2 제가 화장실에 가도 될까요? (I, may, go)

→ _____ to the bathroom?

3 당신은 오후 1시 이후 언제든지 오실 수 있습니다. (can, come, anytime)

→ You _____ after 1:00 p.m.

4 우리는 그 기차를 탈 수 없었다. (be able to, catch)

→ We _____ the train.

5 Sue는 다음 달에 시드니로 여행을 갈지도 모른다. (may, take a trip to Sydney)

→ Sue _____ next month.

6 그들은 지금 집에 없을지도 모른다. (at home)

→ They _____ now.

D 오류 수정 　어법상 틀린 부분을 바르게 고쳐 문장을 다시 쓰시오.

1 She cans speak three languages. (그녀는 3개 국어를 할 수 있다.)

→ _____

2 I couldn't cooked very well. (나는 요리를 잘 할 수 없었다.)

→ _____

3 We will can see a full moon tonight. (우리는 오늘 밤에 보름달을 볼 수 있을 것이다.)

→ _____

4 Come I may in? (제가 들어가도 될까요?)

→ _____

5 Brian may remember not your name. (Brian은 네 이름을 기억하지 못할지도 모른다.)

→ _____

6 He may angry with me. (그는 나에게 화가 났을지도 모른다.)

→ _____

UNIT 02 must, have to, should

GRAMMAR FOCUS

① must

must는 '~해야 한다'의 의미로 의무를 나타낸다. 부정형인 must not은 '~해서는 안 된다'는 금지를 나타낸다.

의무	~해야 한다	You **must** stop at a stop sign.
금지	~해서는 안 된다	You **must not** be late for school.

plus must는 '~임에 틀림없다'라는 강한 추측의 의미로도 쓸 수 있다.

He didn't eat anything. He **must** be hungry.   그는 아무것도 먹지 않았어. 그는 배가 고픈 것임에 틀림없어.

② have to

have to도 must처럼 의무를 나타낸다. 부정형인 don't have to는 '~할 필요가 없다'는 불필요를 나타낸다.

의무	~해야 한다	You **have to** clean your room. He **has to** book his travel ticket today. **Do** we **have to** go now?
불필요	~할 필요가 없다	I **don't have to** cook dinner tonight.

plus 과거의 의무는 must와 have to 둘 다 had to를 쓴다.

She **had to** work late last night. (~했어야 했다)

③ should

'~해야 한다, ~하는 게 좋다'의 의미로 강제성이 없는 의무나 조언을 나타낸다. 부정형인 shouldn't[should not]는 '~하면 안 된다, ~하지 않는 게 좋다'의 의미이다.

의무·조언	~해야 한다, ~하는 게 좋다	You **should** talk to your teacher. He **shouldn't[should not]** eat too much candy. A: **Should** I lock the door? B: Yes, you **should**. / No, you **shouldn't**.

EXERCISE A

밑줄 친 부분에 해당하는 의미를 고르시오.

1 You <u>should</u> read more books.   ⓐ 금지   ⓑ 충고

2 You <u>must</u> wear a seatbelt in the car.   ⓐ 의무   ⓑ 금지

3 She <u>has to</u> pay the bill today.   ⓐ 의무   ⓑ 불필요

4 You <u>must not</u> smoke in this building.   ⓐ 금지   ⓑ 불필요

5 We <u>don't have to</u> be in a hurry.   ⓐ 금지   ⓑ 불필요

6 You <u>shouldn't</u> drink too much soda.   ⓐ 불필요   ⓑ 충고

7 Do I <u>have to</u> wear a helmet?   ⓐ 의무   ⓑ 충고

B 다음 문장을 밑줄 친 부분에 주의하여 우리말로 해석하시오.

1 You <u>must</u> finish your homework today.

→ _____

2 She <u>must not</u> tell a lie.

→ _____

3 Olivia <u>has to</u> clean her room now.

→ _____

4 He <u>doesn't have to</u> go to school tomorrow.

→ _____

5 Do I <u>have to</u> exercise every day?

→ _____

6 You <u>should</u> get enough sleep.

→ _____

C 〈보기〉에서 알맞은 동사를 고른 후, 괄호 안의 조동사를 함께 써서 문장을 완성하시오.

보기	cheat	buy	go	listen	take

1 너는 시험에서 부정행위를 해서는 안 된다. (must)

→ You _____ _____ _____ on exams.

2 그녀는 정기적으로 약을 복용해야 한다. (have to)

→ She _____ _____ _____ her medicine regularly.

3 우리는 그들의 조언을 들어야 한다. (should)

→ We _____ _____ to their advice.

4 Karen은 그 책을 살 필요가 없다. (have to)

→ Karen _____ _____ _____ _____ the book.

5 제가 지금 잠자리에 들어야 하나요? (have to)

→ _____ I _____ _____ _____ to bed now?

WRITING FOCUS

A 배열 영작   우리말과 일치하도록 괄호 안의 말을 바르게 배열하시오.

1 그는 9시까지 집에 돌아와야 한다. (must, home, come back, he)

→ _____ by 9 o'clock.

2 그녀는 오늘 시험을 봐야 한다. (take, she, to, an exam, has)

→ _____ today.

3 너는 도서관에서 큰 소리를 내서는 안 된다. (make, must, you, not, loud noises)

→ _____ in the library.

4 너는 나를 위해 요리할 필요가 없다. (don't, to, have, cook, you)

→ _____ for me.

5 그는 회복을 위해 휴식을 좀 취해야 한다. (get, he, should, some rest)

→ _____ to recover.

6 우리는 학교까지 버스를 타고 가야 하니? (we, take, should, the bus)

→ _____ to school?

B 빈칸 완성   우리말과 일치하도록 괄호 안의 말을 이용하여 빈칸에 알맞은 말을 쓰시오.

1 나는 지금 내 이메일을 확인해야 한다. (check)

→ I _____ _____ my email now.

2 그녀는 집에 일찍 가야 한다. (go)

→ She _____ _____ _____ home early.

3 너는 그 회의에 늦어서는 안 된다. (late)

→ You _____ _____ _____ _____ for the meeting.

4 그는 안경을 쓸 필요가 없다. (wear)

→ He _____ _____ _____ glasses.

5 제가 한 시간 동안 기다려야 하나요? (wait)

→ _____ I _____ _____ _____ for an hour?

6 너는 빈 속에 커피를 마시지 않는 게 좋겠어. (drink)

→ You _____ _____ coffee on an empty stomach.

C 문장 완성 우리말과 일치하도록 괄호 안의 말을 이용하여 문장을 완성하시오.

1 그는 양복을 입고 출근 해야 한다. (must, wear a suit)

➡ He _____ to work.

2 내가 그 파란 셔츠를 사야 할까요? (I, should, buy)

➡ _____ the blue shirt?

3 제가 오늘 그 책을 반납해야 하나요? (I, have to, return the book)

➡ _____ today?

4 너는 수업 중에 네 휴대폰을 사용해서는 안 된다. (must, use your cellphone)

➡ You _____ during class.

5 너는 그것에 대해 걱정할 필요가 없다. (have to, worry)

➡ You _____ about it.

6 Tom은 그의 부모님께 더 자주 전화를 드려야 한다. (should, call his parents)

➡ Tom _____ more often.

D 오류 수정 어법상 틀린 부분을 바르게 고쳐 문장을 다시 쓰시오.

1 He should tries one more time. (그는 한 번 더 시도해야 한다.)

➡ _____

2 She have to go on a business trip to Europe. (그녀는 유럽으로 출장을 가야 한다.)

➡ _____

3 Passengers must to show their tickets. (승객들은 자신의 표를 보여 주어야 한다.)

➡ _____

4 Do I should eat more vegetables? (제가 채소를 더 먹어야 할까요?)

➡ _____

5 You must not bring anything. (너는 아무것도 가져올 필요가 없다.)

➡ _____

6 Does she has to work tomorrow? (그녀는 내일 일해야 하니?)

➡ _____

[01-03] 빈칸에 들어갈 말로 알맞은 것을 고르시오.

01

A: _____ you take a photo of us?
B: Of course. Just smile and pose.

① Do   ② Can
③ May   ④ Have to
⑤ Should

02

Students _____ complete their homework before class.

① may   ② can't
③ must   ④ has to
⑤ shouldn't

03

I _____ drive to work. I can walk there in just 10 minutes.

① can   ② may
③ should   ④ must not
⑤ don't have to

04 밑줄 친 부분의 의미가 나머지 넷과 <u>다른</u> 것은?

① I <u>can</u> speak Chinese.
② <u>Can</u> pandas climb trees?
③ You <u>can</u> use my computer.
④ My sister <u>can</u> play the piano.
⑤ He <u>can</u> run 100m in 15 seconds.

빈출

05 〈보기〉의 밑줄 친 부분과 의미가 같은 것은?

보기   We <u>may</u> go camping this weekend.

① You <u>may</u> keep this book.
② <u>May</u> I have another biscuit?
③ She <u>may</u> not come tomorrow.
④ Visitors <u>may</u> not take photos here.
⑤ In the evenings, you <u>may</u> watch TV.

06 우리말을 영어로 바르게 옮긴 것은?

너는 이 곳에 쓰레기를 버리면 안 된다.

① You can litter here.
② You may litter here.
③ You should litter here.
④ You must not litter here.
⑤ You don't have to litter here.

07 다음 중 어법상 올바른 것은?

① He can cooks spaghetti.
② They don't must eat on the bus.
③ You should be nice to your sister.
④ He have to get up early tomorrow.
⑤ Do I may see your passport, please?

고난도

08 다음 중 어법상 올바른 문장의 개수는?

ⓐ It may snow later today.
ⓑ You must have to stop here.
ⓒ David shouldn't drive too fast.
ⓓ Can you writing with your left hand?
ⓔ Do I have to water the plants every day?

① 1개   ② 2개   ③ 3개
④ 4개   ⑤ 5개

✏ 서술형

09 우리말과 일치하도록 알맞은 조동사와 주어진 말을 사용하여 문장을 완성하시오.

(1) 코알라는 나무에서 잠을 잘 수 있다. (sleep)

→ Koalas _____ _____ in trees.

(2) 그는 내년에 다른 도시로 이사를 갈지도 모른다. (move)

→ He _____ _____ to another city next year.

10 우리말과 일치하도록 주어진 말을 바르게 배열하시오.

(1) 당신은 상점 앞에 주차해서는 안 된다.

(not, you, park, the shop, must, in front of)

→ _____

(2) 우리는 오늘 장을 보러 갈 필요가 없다.

(have, we, go, don't, to, grocery shopping)

→ _____

today.

11 주어진 문장과 의미가 같도록 문장을 바꿔 쓰시오.

(1) Andrew can ski well.

→ Andrew _____ _____

_____ _____ well.

(2) Susie must finish her report today.

→ Susie _____ _____

_____ her report today.

12 어법상 틀린 부분을 찾아 바르게 고치시오.

(1) It was sunny yesterday. We can go on a picnic.

(어제는 화창했다. 우리는 소풍을 갈 수 있었다.)

_____ → _____

(2) They must not go to school tomorrow.

(그들은 내일 학교에 갈 필요가 없다.)

_____ → _____

13 밑줄 친 우리말과 일치하도록 〈조건〉에 맞게 문장을 완성하시오.

A: Hi, Kate! What's that?
B: It's my guitar.
A: (1) 너는 기타를 연주할 수 있니?
B: (2) 응, 할 수 있어. My father taught me last year.

> **조건** (1)은 play, the guitar를 포함하여 총 5단어로 쓸 것
> (2)는 총 3단어로 쓸 것

(1) _____

(2) _____

14 〈보기〉에서 알맞은 조동사를 골라 문장을 완성하시오. (단, 한 번씩만 쓸 것)

보기	can	may	should

(1) _____ you pass me the salt?

(2) I _____ change my clothes. They are dirty.

(3) Put on the sunscreen. You _____ get a sunburn.

15 그림을 보고, 각 장소에서 지켜야 할 규칙을 〈조건〉에 맞게 쓰시오.

(1)

(2)

> 조건 괄호 안에 주어진 말과 조동사 must를 사용할 것

(1) You _____ a swimming cap and goggles in the pool. (wear)

(2) You _____ the birds in the park. (feed)

16 다음 표를 보고, have to를 이용하여 두 사람이 오늘 해야 할 일을 나타내는 문장을 완성하시오.

Things to Do	Lisa	Bill
study math	○	○
go to a club meeting	×	○
have a piano lesson	○	×

(1) Lisa and Bill _____ study math.

(2) Bill _____ go to a club meeting.

(3) Bill _____ have a piano lesson.

17 밑줄 친 우리말과 일치하도록 주어진 말을 활용하여 문장을 완성하시오.

A: Where's Nick?
B: I don't know. <u>그는 지금 도서관에 있을지도 몰라.</u> (he, at the library)

→ _____

18 괄호 안에서 알맞은 말을 골라 빈칸에 쓰시오.

(1) My eyesight isn't very good. I (can / can't) read without my glasses.

(2) You (must / must not) put on your jacket. It's windy outside.

(3) My father (has to / had to) work late last Friday.

(1) _____ (2) _____ (3) _____

19 조동사 should와 주어진 말을 이용하여 대화를 완성하시오.

A: What's the matter, David?
B: I'm always late for class.
A: (1) You _____ before going to bed. (set an alarm)
B: That's a good idea. What else?
A: (2) You _____. (stay up too late)
B: Okay. I guess you're right.

(1) You _____ before going to bed.

(2) You _____.

20 어법상 틀린 문장 2개를 골라 기호를 쓰고, 바르게 고쳐 문장을 다시 쓰시오.

ⓐ Can she speaks Russian?
ⓑ He wasn't able to pass the exam.
ⓒ You don't have to worry about me.
ⓓ You must not to touch the paintings.
ⓔ The girl may become a great violinist.

(____) → _____

(____) → _____

Chapter 04

의문사

who, what, which

GRAMMAR FOCUS

1 **who**

'누가, 누구를'의 의미로, 사람에 대해 물을 때 쓴다.

A: **Who** is your teacher? 너희 선생님은 누구니?　　B: Mr. Kim. 김 선생님이야.

A: **Who** did you meet? 너는 누구를 만났니?　　B: I met Susan. Susan을 만났어.

A: **Who** made this? 누가 이것을 만들었니?　　B: My sister did. 내 여동생이 만들었어.

> **plus** whose는 '누구의 ~', who(m)은 '누구를'의 의미이다.
>
> **Whose** smartphone is this? 이것은 **누구의** 스마트폰이니?
>
> **Who(m)** did you invite? 너는 **누구를** 초대했니? (일상 회화에서는 whom 대신 who가 자주 쓰임)

2 **what, which**

(1) **what**: '무엇, 무슨 ~'의 의미로, 사물에 대해 물을 때 쓰며 뒤에 명사가 올 수 있다.

A: **What** is your name? 네 이름은 뭐니?　　B: Jane Brown. Jane Brown이야.

A: **What** does he do for a living? 그는 무슨 일을 하니?　　B: He's a doctor. 그는 의사야.

A: **What** fell off the wall? 벽에서 뭐가 떨어졌니?　　B: A picture frame. 그림 액자가 떨어졌어.

A: **What color** do you like? 너는 무슨 색을 좋아하니?　　B: I like purple. 보라색을 좋아해.

(2) **which**: '어느 것, 어떤 ~'의 의미로, 정해진 대상 중에서 하나의 선택을 물을 때 쓴다. 사람, 사물에 모두 쓸 수 있으며, what처럼 뒤에 명사가 올 수 있다.

A: **Which** do you prefer, cats or dogs? 너는 고양이와 개 중 어느 것을 선호하니?

B: I prefer cats. 나는 고양이를 선호해.

A: **Which one** is your daughter in this photo? 이 사진에서 누가 당신의 딸인가요?

B: The girl with long hair. 머리가 긴 여자아이요.

A 괄호 안에서 알맞은 것을 고르시오.

1 (Who, What) is your favorite singer?

2 (Who, What) is your email address?

3 (What, Which) are they?

4 (Who, What) did you eat for breakfast?

5 (What, Which) season do you like, summer or winter?

6 (Who, What) did you meet last Friday?

7 (What, Which) one do you want, pizza or pasta?

8 (Who, Which) ate the last piece of cake?

9 (Who, What) kind of music do you listen to?

EXERCISE B

빈칸에 알맞은 의문사를 넣어 대화를 완성하시오.

1 A: _____ is the boy?

B: He is my brother.

2 A: _____ of these coats is yours?

B: The gray one is mine.

3 A: _____ is your favorite food?

B: I like *bibimbap*.

4 A: _____ is the date today?

B: It's October 6.

5 A: _____ did you see on the street?

B: I saw my friend.

6 A: _____ is Henry doing?

B: He is studying in his room.

EXERCISE C

밑줄 친 부분을 묻는 의문문이 되도록 빈칸에 알맞은 말을 쓰시오.

1 A: _____ _____ _____ do yesterday?

B: I went shopping with my friends.

2 A: _____ _____ your English teacher?

B: Mr. Jones is my English teacher.

3 A: _____ _____ _____ want to play, X-Game or Y-Game?

B: I want to play X-Game.

4 A: _____ _____ _____ it today?

B: It's Wednesday.

5 A: _____ _____ this picture?

B: My sister painted this picture.

6 A: _____ _____ _____ use, a laptop or a desktop?

B: I use a laptop.

WRITING FOCUS

A 배열 영작   우리말과 일치하도록 괄호 안의 말을 바르게 배열하시오.

1 누가 너의 수학 선생님이니? (is, math teacher, who, your)

→ _____

2 너는 커피와 차 중 어느 것을 선호하니? (prefer, you, tea, or, which, coffee, do)

→ _____

3 너는 내일 무엇을 할 예정이니? (are, going, you, what, do, to, tomorrow)

→ _____

4 너는 누구와 함께 사니? (you, live, who, do, with)

→ _____

5 누가 컴퓨터를 사용하고 있니? (the, using, who, computer, is)

→ _____

6 너의 우산은 무슨 색이니? (your, color, is, what, umbrella)

→ _____

B 빈칸 완성   우리말과 일치하도록 괄호 안의 말을 이용하여 빈칸에 알맞은 말을 쓰시오.

1 너의 가장 친한 친구는 누구니? (be)

→ _____ _____ your best friend?

2 당신 아버지의 성함은 무엇입니까? (be)

→ _____ _____ your father's name?

3 너는 오늘 점심으로 무엇을 먹었니? (eat)

→ _____ _____ you _____ for lunch today?

4 그는 무슨 TV 프로그램들을 보니? (watch)

→ _____ TV programs _____ he _____?

5 우리는 오른쪽과 왼쪽 중 어느 방을 쓸 거니? (room)

→ _____ _____ are we going to use, the one on the right or the left?

6 누가 여기에 왔었니? (come)

→ _____ _____ here?

C 문장 완성   우리말과 일치하도록 괄호 안의 말을 이용하여 문장을 완성하시오.

1 그의 어머니는 누구시니? (his mother)

→ _____

2 네가 가장 좋아하는 음식은 무엇이니? (your favorite food)

→ _____

3 너는 코미디 영화와 액션 영화 중 어느 것을 더 좋아하니? (you, like better, comedies, action movies)

→ _____

4 너는 그녀의 생일을 위해 무엇을 샀니? (you, buy, for her birthday)

→ _____

5 누가 그 창문을 깼니? (break, the window)

→ _____

6 그는 무슨 운동을 잘하니? (he, be good at, sport)

→ _____

D 오류 수정   밑줄 친 부분을 바르게 고쳐 질문을 다시 쓰시오.

1 A: <u>What</u> made this cake?   B: My mom did.

→ _____

2 A: <u>What</u> do you want, juice or milk?   B: I want juice.

→ _____

3 A: <u>Who</u> is your favorite dessert?   B: I like all kinds.

→ _____

4 A: <u>Who Tony is</u> talking to?   B: He's talking to the principal.

→ _____

5 A: <u>What he wrote</u> in the letter?   B: I can't say it.

→ _____

6 A: <u>Who did win</u> the first prize?   B: My friend did.

→ _____

when, where, why, how

GRAMMAR FOCUS

1 when, where, why

(1) when: '언제'의 의미로, 때를 물을 때 쓴다.

A: **When** is her birthday? 그녀의 생일은 언제니? B: It's November 26. 11월 26일이야.

A: **When** did you go home? 너는 언제 집에 갔니? B: At 10 o'clock. 10시에.

(2) where: '어디에, 어디서'의 의미로, 위치나 장소를 물을 때 쓴다.

A: **Where** is your car? 네 차는 어디에 있니? B: It is in the garage. 차고에 있어.

A: **Where** did you see him? 너는 그를 어디서 봤니? B: At a café. 카페에서.

(3) why: '왜'라는 의미로, 이유를 물을 때 쓴다. 대답에는 주로 because가 사용된다.

A: **Why** were you late? 너는 왜 늦었니? B: Because I got up late. 늦게 일어났어.

A: **Why** did you buy it? 너는 왜 그것을 샀니? B: Because it was on sale. 세일 중이었거든.

2 how

(1) how: '어떤, 어떻게'의 의미로, 날씨, 상태, 방법 등을 물을 때 쓴다.

A: **How** is the weather? 날씨가 어떻니? B: It's cold and windy. 춥고 바람이 불어.

A: **How** did you do it? 너는 그것을 어떻게 했니? B: Chris helped me. Chris가 나를 도와줬어.

(2) how + 형용사/부사: '얼마나 ~한/하게'의 의미이다.

How old are you? 너는 **몇 살**이니?

How tall is your father? 너희 아버지는 **키가 얼마나 크시니**?

How far is your school from here? 너희 학교는 여기서 **얼마나 머니**?

How fast can you run? 너는 **얼마나 빨리** 달릴 수 있니?

How long will you stay here? 너는 여기서 **얼마나 오래** 머물 거니?

How often do you go there? 너는 **얼마나 자주** 거기에 가니?

How many *cups* do you need? 너는 **얼마나 많은** 컵이 필요하니? 〈how many + 셀 수 있는 명사의 복수형〉

How much *time* do we have? 우리에게 **얼마나 많은** 시간이 있니? 〈how much + 셀 수 없는 명사〉

EXERCISE

A 괄호 안에서 알맞은 것을 고르시오.

1 (When, Why, How) is the deadline?

2 (Where, Why, How) are you wearing glasses today?

3 (When, Why, How) are you today?

4 (When, Where, Why) did you go last summer?

5 (Where, Why, How) old is this temple?

6 (When, Where, How) is the weather in New York?

EXERCISE B

빈칸에 알맞은 의문사를 넣어 대화를 완성하시오.

1 A: _____ is the picnic?

B: It is next Friday.

2 A: _____ is Ronald from?

B: He's from New Zealand.

3 A: _____ was the trip to the beach?

B: It was relaxing.

4 A: _____ did the child cry yesterday?

B: He lost his bike.

5 A: _____ _____ is your sister?

B: Seventeen.

6 A: _____ _____ books do you have?

B: I have about 100 books.

EXERCISE C

밑줄 친 부분을 묻는 의문문이 되도록 빈칸에 알맞은 말을 쓰시오.

1 A: _____ _____ you go to the city?

B: <u>Because I wanted to see my uncle.</u>

2 A: _____ _____ he stay in San Francisco?

B: He stayed <u>at a hotel.</u>

3 A: _____ _____ your grandmother?

B: She's <u>fine.</u> Thanks for asking.

4 A: _____ _____ you go to Busan?

B: I went there <u>by plane.</u>

5 A: _____ _____ _____ they come here?

B: They come here <u>once a week.</u>

6 A: _____ _____ the restaurant open?

B: It opens <u>at 9 o'clock.</u>

WRITING FOCUS

A 배열 영작   우리말과 일치하도록 괄호 안의 말을 바르게 배열하시오.

1 그는 왜 일찍 떠났니? (leave, did, why, he, early)

  → _____

2 너는 언제 그를 만날 거니? (are, him, you, to, meet, when, going)

  → _____

3 그 버스는 왜 늦었니? (the bus, why, late, was)

  → _____

4 그는 지난주에 어디에 갔었니? (he, where, go, did, last week)

  → _____

5 너는 어떻게 그 소식을 알게 되었니? (how, you, find out, did, the news)

  → _____

6 너는 얼마나 오래 나를 기다렸니? (you, how, wait for, did, me, long)

  → _____

B 빈칸 완성   우리말과 일치하도록 괄호 안의 말을 이용하여 빈칸에 알맞은 말을 쓰시오.

1 그 행사는 언제 시작했니? (start)

  → _____ _____ the event _____ ?

2 제가 어디서 꽃을 살 수 있나요? (can, buy)

  → _____ _____ I _____ some flowers?

3 너는 왜 그렇게 바쁘니? (be)

  → _____ _____ you so busy?

4 우리는 왜 이것을 배우나요? (learn)

  → _____ _____ we _____ this?

5 너의 유럽 여행은 어땠니? (be, your trip)

  → _____ _____ _____ _____ to Europe?

6 너는 얼마나 자주 너의 방을 청소하니? (clean)

  → _____ _____ _____ you _____ your room?

C 문장 완성   우리말과 일치하도록 괄호 안의 말을 이용하여 문장을 완성하시오.

1 너의 주말은 어땠니? (your weekend)
→ _____

2 그녀는 왜 수업을 빠졌니? (she, skip, her class)
→ _____

3 그는 어떻게 그 차를 고쳤니? (he, fix, the car)
→ _____

4 그들은 언제 도착할 거니? (they, will, arrive)
→ _____

5 그들은 지금 어디에 있니? (they, now)
→ _____

6 그 다리는 길이가 얼마나 되니? (the bridge)
→ _____

D 오류 수정   밑줄 친 부분을 바르게 고쳐 질문을 다시 쓰시오.

1 A: <u>When</u> did you buy those shoes?   B: At a shop downtown.
→ _____

2 A: <u>Where</u> are you running?   B: Because I'm late for school.
→ _____

3 A: <u>Why</u> did you go to the dentist?   B: Last Friday.
→ _____

4 A: <u>How</u> are you from?   B: I'm from Turkey.
→ _____

5 A: <u>How tall</u> is your brother?   B: He's 20 years old.
→ _____

6 A: <u>How much</u> pens do you have?   B: I have three.
→ _____

[01-02] 빈칸에 들어갈 말로 알맞은 것을 고르시오.

01

A: _____ is your best friend's name?
B: It's Mina. She and I are in the same class.

① Who ② How ③ What
④ When ⑤ Where

02

A: _____ do you prefer for breakfast, pancakes or cereal?
B: I prefer pancakes.

① Why ② How ③ What
④ When ⑤ Which

빈출
[03-04] 다음 질문에 알맞은 대답을 고르시오.

03

Q: Where did you go for vacation?
A: _____

① It was great.
② Last summer.
③ I went to Bangkok.
④ Because it was hot.
⑤ I went with my family.

04

Q: How often do you go swimming?
A: _____

① By bus.
② Tomorrow.
③ Twice a week.
④ For about an hour.
⑤ I'm not a good swimmer.

05 다음 중 대화가 자연스럽지 않은 것은?

① A: Why were you late?
   B: Because I missed the bus.
② A: Where are my glasses?
   B: They're on the table.
③ A: How are you doing?
   B: Not so good. I have a cold.
④ A: What movie did you see?
   B: It was nice. I really liked it.
⑤ A: When do you go to school?
   B: At 8 o'clock.

06 대화의 빈칸에 들어갈 말로 알맞은 것은?

A: I went to a K-pop concert yesterday.
B: Cool! _____
A: I loved it. Let's go together the next time.

① Where did you go?
② How did you like it?
③ Who did you go with?
④ When did you go there?
⑤ Which group performed best?

07 다음 중 어느 빈칸에도 들어갈 수 없는 것은?

ⓐ _____ old does he look?
ⓑ _____ can solve this problem?
ⓒ _____ are you from?
ⓓ _____ do you know in this class?
ⓔ _____ time is it now?

① Who ② How ③ What
④ When ⑤ Where

고난도

08 어법상 올바른 문장을 <u>모두</u> 고르면?

> ⓐ Where you are, Jake?
> ⓑ Why did you go there?
> ⓒ What is your last name?
> ⓓ When the train will arrive?
> ⓔ Who knows Lucy's number?

① ⓐ, ⓑ, ⓒ　　　　　② ⓐ, ⓒ, ⓓ
③ ⓑ, ⓒ, ⓔ　　　　　④ ⓑ, ⓔ
⑤ ⓒ, ⓓ, ⓔ

✐ 서술형

09 빈칸에 알맞은 의문사를 써서 대화를 완성하시오.

(1) A: _____ is the concert?
　　B: It is on Saturday evening.

(2) A: _____ ate my strawberries?
　　B: I did.

(3) A: _____ shirt do you like?
　　B: I like the black one.

10 주어진 말을 바르게 배열하여 의문문을 완성하시오.

(1) (are, the, why, children, laughing)

　→ _____

(2) (bus, what, the, leave, does, time)

　→ _____

11 빈칸에 공통으로 들어갈 의문사를 쓰시오.

> • _____ do you go to school?
> • _____ often do you check your SNS?

12 우리말과 일치하도록 주어진 말을 활용하여 문장을 완성하시오.

(1) Ann은 어제 누구를 만났니? (meet, yesterday)

　→ _____

(2) Eric은 친한 친구가 몇 명 있니?
　　(close friends, have)

　→ _____

13 어법상 <u>틀린</u> 부분을 찾아 바르게 고치시오.

(1) What are you usually have for breakfast?
　　(너는 보통 아침 식사로 무엇을 먹니?)

　_____ → _____

(2) Why did she left so early?
　　(그녀는 왜 그렇게 일찍 떠났니?)

　_____ → _____

14 밑줄 친 부분을 묻는 의문문을 완전한 문장으로 쓰시오.

(1) A: _____
　　B: She works <u>at a hospital</u>.

(2) A: _____
　　B: He is reading <u>a magazine</u>.

15 〈보기〉에서 알맞은 말을 골라 문장을 완성하시오. (단, 한 번씩만 쓸 것)

보기	how far	how long	how tall

(1) _____ is the Eiffel Tower?

(2) _____ did you wait for the bus?

(3) _____ is the library from here?

16 그림을 보고, 빈칸에 알맞은 말을 써서 질문을 완성하시오.

Tom

(1) A: _____ _____ Tom?

B: He is in the park.

(2) A: _____ _____ he doing?

B: He is walking his dog.

17 Jiho의 학습 계획표를 보고, 빈칸에 알맞은 말을 써서 질문을 완성하시오.

	Mon	Tue	Wed	Thu	Fri
English	○	×	○	×	○
Math	×	○	×	○	×

(1) A: _____ _____ does Jiho study English?

B: He studies English three times a week.

(2) A: _____ days does Jiho study math?

B: He studies math on Tuesdays and Thursdays.

18 대화를 읽고, 주어진 말을 바르게 배열하여 의문문을 완성하시오.

A: Excuse me. (1) (does, the, close, library, when)?

B: The library closes at 6:00 p.m.

A: (2) (how, I, borrow, books, can, many)?

B: You can borrow up to five books at a time.

(1) _____ ?

(2) _____ ?

[19-20] 대화를 읽고, 물음에 답하시오.

A: Hi, Kate. (1) (What / How) was your trip to Hawaii?

B: It was fantastic. I had a great time there.

A: (2) (Which / Where) island did you go to?

B: I went to Oahu.

A: 너는 거기서 무엇을 했니?

B: I went snorkeling and saw a lot of fish and sea turtles.

A: Sounds wonderful!

19 (1), (2)에서 어법상 알맞은 것을 골라 쓰시오.

(1) _____ (2) _____

20 밑줄 친 우리말과 일치하도록 〈조건〉에 맞게 문장을 완성하시오.

> 조건 1. you, do, there를 사용할 것
>   2. 총 5단어로 쓸 것

→ _____

Chapter 05

명사와 관사

셀 수 있는 명사와 셀 수 없는 명사
GRAMMAR FOCUS

1 명사

명사는 사람, 사물, 장소 등을 나타내는 말로, 영어에서는 셀 수 있는 명사와 셀 수 없는 명사로 나뉜다.

(1) 셀 수 있는 명사: 단수일 때 명사 앞에 a/an을 붙이거나, 둘 이상일 때 뒤에 -(e)s를 붙여 복수형을 만들 수 있다.

a book, **two** book**s**, **many** book**s** 등

(2) 셀 수 없는 명사: 앞에 a/an을 붙일 수 없고, 항상 단수형으로 쓴다.

Children need **love**.
└─ **a** love (×) / love**s** (×)

2 셀 수 있는 명사의 복수형

-s, -x, -ch, -sh, -o로 끝나는 명사	명사 + **-es**	bus**es** box**es** watch**es** dish**es** potato**es** tomato**es** *예외: photos, pianos
「모음 + y」로 끝나는 명사	명사 + **-s**	toy → toy**s** boy → boy**s** day → day**s**
「자음 + y」로 끝나는 명사	**y**를 **i**로 고치고 + **-es**	baby → bab**ies** city → cit**ies**
-f, -fe로 끝나는 명사	**f, fe**를 **v**로 고치고 + **-es**	leaf → lea**ves** knife → kni**ves** *예외: chefs, roofs, giraffes
불규칙 변화		man → **men** woman → **women** child → **children** foot → **feet** tooth → **teeth** goose → **geese** mouse → **mice**
형태가 같은 경우		fish → **fish** deer → **deer** sheep → **sheep**

plus 두 개가 한 쌍을 이루는 명사는 항상 복수형으로 쓰고, 'a pair of ～, two pairs of ～'의 형태로 수를 나타낸다.

a pair of pant**s**(바지)/jean**s**(청바지)/shoe**s**(신발)/sock**s**(양말)/glasse**s**(안경)/scissor**s**(가위) 등

3 셀 수 없는 명사

(1) 셀 수 없는 명사의 종류

추상 명사	추상적인 개념을 나타내는 명사	love, peace, beauty, happiness 등
고유 명사	이름, 지명, 요일, 월 등	Tom, New York, Monday, December 등
물질 명사	재료나 물질을 나타내는 명사	water, milk, gold, paper, air, sugar 등

(2) 셀 수 없는 명사의 수량 표시

a cup of	tea, coffee	**a piece[sheet] of**	paper
a glass of	water, milk, juice	**a piece[slice] of**	cake, cheese, bread
a bottle of	water, wine	**a loaf of**	bread
a bowl of	soup, rice, cereal	**a piece of**	advice, furniture

Would you like **a cup of tea**? 차 한 잔 하시겠어요?

We bought **two bottles of water**. 우리는 물 두 병을 샀다.
└─ water**s** (×)

EXERCISE **A**   주어진 명사의 복수형을 쓰시오.

1 bus _____   **2** fox _____

3 church _____   **4** dish _____

5 potato _____   **6** country _____

7 monkey _____   **8** leaf _____

9 foot _____   **10** fish _____

EXERCISE **B**   우리말과 일치하도록 빈칸에 알맞은 말을 쓰시오.

1 차 한 잔   _____ tea

2 물 두 병   _____ water

3 가구 두 점   _____ furniture

4 우유 세 잔   _____ milk

5 빵 두 덩어리   _____ bread

6 수프 한 그릇   _____ soup

7 충고 하나   _____ advice

8 치즈 세 장   _____ cheese

EXERCISE **C**   괄호 안의 말을 이용하여 문장을 완성하시오.

1 We have two _____. (chair)

2 Two _____ are in the waiting room. (woman)

3 They grow some _____ and _____. (tomato, carrot)

4 Three _____ are over there. (sheep)

5 The farmer has five _____. (goose)

6 Would you like some _____? (coffee)

7 I don't have much _____. (time)

8 I will give you some _____. (advice)

WRITING FOCUS

A 배열 영작 우리말과 일치하도록 괄호 안의 말을 바르게 배열하시오.

1 우리는 쥐 세 마리를 보았다. (three, saw, mice, we)

→ _____

2 그의 손과 발은 크다. (big, his hands, are, feet, and)

→ _____

3 그는 도시 네 곳을 방문했다. (visited, four, he, cities)

→ _____

4 우리는 선반 세 개를 샀다. (three, we, shelves, bought)

→ _____

5 그는 커피 두 잔을 마셨다. (two, drank, cups, he, of, coffee)

→ _____

6 아이는 사랑이 필요하다. (a, needs, child, love)

→ _____

B 빈칸 완성 우리말과 일치하도록 괄호 안의 말을 이용하여 빈칸에 알맞은 말을 쓰시오.

1 나는 고양이 한 마리와 개 두 마리가 있다. (cat, dog)

→ I have a _____ and two _____.

2 그 남자아이는 장난감 두 개를 가지고 있다. (toy)

→ The boy has _____ _____.

3 물고기 다섯 마리가 수조에 있다. (fish)

→ _____ _____ are in the aquarium.

4 아름다움이 전부는 아니다. (beauty)

→ _____ is not everything.

5 나는 아침 식사로 토스트 두 장을 먹었다. (slices)

→ I ate _____ _____ _____ _____ for breakfast.

6 Beth는 그 가게에서 물 세 병을 샀다. (bottle, water)

→ Beth bought _____ _____ _____ _____ at the store.

C 문장 완성   우리말과 일치하도록 괄호 안의 말을 이용하여 문장을 완성하시오.

1 그녀에게는 세 가지 소원이 있다. (have, wish)

→ She _____ .

2 나는 친구 두 명을 나의 집에 초대했다. (invite, friend)

→ I _____ to my house.

3 그는 자신의 SNS에 사진 두 장을 올렸다. (post, photo)

→ He _____ on his SNS.

4 그녀는 밀가루와 소금을 그릇에 담았다. (flour, salt)

→ She put _____ in a bowl.

5 우리는 케이크 두 조각을 주문했다. (cake)

→ We ordered _____ .

6 돈은 나무에서 자라지 않는다. (money, grow)

→ _____ on trees.

D 오류 수정   어법상 틀린 부분을 바르게 고쳐 문장을 다시 쓰시오.

1 They have two babys. (그들에게는 아기 두 명이 있다.)

→ _____

2 I don't like potatos. (나는 감자를 좋아하지 않는다.)

→ _____

3 Two mans are standing at the door. (남자 두 명이 문에 서 있다.)

→ _____

4 A time is a money. (시간이 돈이다.)

→ _____

5 I wish you good lucks. (당신에게 행운이 있기를 빕니다.)

→ _____

6 He ate two bowls of rices for dinner. (그는 저녁 식사로 밥 두 그릇을 먹었다.)

→ _____

명사의 수량 표현, There is / are
GRAMMAR FOCUS

① many / much / a lot of, (a) few / (a) little

명사의 수나 양을 나타내는 말은 many, much, (a) few, (a) little 등이 있다.

	셀 수 있는 명사의 복수형	셀 수 없는 명사
많은	He has **many** *coins*. He has **a lot of[lots of]** *coins*.	He doesn't have **much** *money*. He has **a lot of[lots of]** *money*.
약간의, 조금 있는	He has **a few** *coins*.	He has **a little** *money*.
거의 없는	He has **few** *coins*.	He has **little** *money*.

cf. much는 긍정문에서 잘 쓰이지 않는다.

② some, any

'약간의, 조금의[몇몇의]'의 의미로, 셀 수 있는 명사의 복수형과 셀 수 없는 명사 앞에 모두 쓸 수 있다. 주로 some은 긍정문에서, any는 부정문과 의문문에서 쓰인다.

some	긍정문	I bought **some** *cookies*.	나는 쿠키를 몇 개 샀다.
any	부정문	She didn't eat **any** *food*.	그녀는 음식을 조금도 먹지 않았다.
	의문문	Do you have **any** *hobbies*?	너는 취미가 좀 있니?

plus 긍정의 답이 기대되는 권유문이나 허락을 구하는 문장에서는 some을 쓴다.
Would you like some coffee? 커피 좀 드시겠어요?
Can I have some water? 물 좀 마실 수 있을까요?

③ There is / are

어떤 대상의 존재를 나타낼 때 쓰는 표현으로, '～이 있다'의 의미이다.

There is	단수 명사	**There is** *a shop* on the corner.	모퉁이에 가게 하나가 있다.
There are	복수 명사	**There are** *two books* on the desk.	책상 위에 책 두 권이 있다.

EXERCISE A 괄호 안에서 알맞은 것을 고르시오.

1 He doesn't earn (many, much) money.

2 He visited (many, much) countries around the world.

3 I have (a few, a little) books about ancient history.

4 She doesn't eat (some, any) eggs.

5 Would you like (some, any) ice cream?

6 There (is, are) a bird in the tree.

7 There (is, are) a lot of squirrels in the park.

EXERCISE
B 밑줄 친 부분이 맞으면 ○를 쓰고, 틀리면 바르게 고치시오.

1 He has a <u>little</u> friends.   _____

2 We don't have <u>many</u> time.   _____

3 He felt a <u>few</u> pain in his neck.   _____

4 How <u>many</u> hours did you study yesterday?   _____

5 She has a <u>little</u> problems.   _____

6 Judy gave <u>some</u> chocolate to me.   _____

7 Would you like <u>any</u> peanuts?   _____

8 Jerry doesn't eat <u>some</u> meat.   _____

9 There <u>is</u> a lot of stars in the sky.   _____

10 There <u>is</u> some milk in the refrigerator.   _____

EXERCISE
C 우리말과 일치하도록 빈칸에 알맞은 말을 쓰시오.

1 그녀는 차를 많이 마신다.

→ She drinks _____ _____ _____ tea.

2 그의 이름을 아는 학생은 거의 없다.

→ _____ students know his name.

3 우리에게는 희망이 조금 있다.

→ We have _____ _____ hope.

4 Jessica는 돈이 조금도 없었다.

→ Jessica didn't have _____ money.

5 채소 좀 드시겠어요?

→ Would you like _____ vegetables?

6 길 건너편에 편의점이 하나 있다.

→ _____ _____ a convenience store across the street.

7 여름에는 많은 축제들이 있다.

→ _____ _____ many festivals in summer.

WRITING FOCUS

A 배열 영작   우리말과 일치하도록 괄호 안의 말을 바르게 배열하시오.

1 그는 그 시험에서 많은 실수를 했다. (he, many, made, mistakes)

➡ _____ on the test.

2 우리는 그것에 대한 정보가 많지 않다. (have, we, information, don't, much)

➡ _____ about it.

3 Christina는 하와이에 친구가 몇 명 있다. (few, Christina, a, friends, has)

➡ _____ in Hawaii.

4 그 방에는 가구가 거의 없다. (there, little, is, furniture)

➡ _____ in the room.

5 나는 아침에 약간의 오렌지주스를 마셨다. (I, some, drank, orange juice)

➡ _____ in the morning.

6 책상 위에 컴퓨터가 두 대 있다. (are, computers, there, two)

➡ _____ on the desk.

B 빈칸 완성   우리말과 일치하도록 괄호 안의 말을 이용하여 빈칸에 알맞은 말을 쓰시오.

1 많은 사람들이 그 콘서트를 즐겼다. (people)

➡ _____ _____ enjoyed the concert.

2 당신은 시간이 얼마나 많이 있나요? (time)

➡ How _____ _____ do you have?

3 나는 며칠 동안 LA에 머물렀다. (day)

➡ I stayed in L.A. for _____ _____ _____.

4 그는 자신의 옷에 돈을 거의 쓰지 않는다. (money)

➡ He spends _____ _____ on his clothes.

5 얼음물 좀 주시겠어요? (ice water)

➡ Can I have _____ _____ _____?

6 그는 나에게 아무런 조언도 하지 않았다. (advice)

➡ He didn't give me _____ _____.

C 문장 완성   우리말과 일치하도록 괄호 안의 말을 이용하여 문장을 완성하시오.

1 그녀는 온라인상에 많은 친구들이 있다. (have, friend)

→ She _____ online.

2 나는 돈을 조금도 원하지 않는다. (want, money)

→ I _____ .

3 그 가게는 손님이 거의 없다. (have, customer)

→ The shop _____ .

4 그는 여가 시간이 거의 없다. (have, free time)

→ He _____ .

5 벽에 거울이 하나 있다. (there, a mirror)

→ _____ on the wall.

6 식탁 위에 접시가 다섯 개 있다. (there, dish)

→ _____ on the table.

D 오류 수정   어법상 틀린 부분을 바르게 고쳐 문장을 다시 쓰시오.

1 It didn't take many time. (그것은 시간이 많이 걸리지 않았다.)

→ _____

2 How much hours did you sleep last night? (너는 어젯밤에 몇 시간을 잤니?)

→ _____

3 A few children like spinach. (시금치를 좋아하는 아이들은 거의 없다.)

→ _____

4 There aren't some clouds in the sky. (하늘에 구름이 조금도 없다.)

→ _____

5 Would you like any cake? (케이크 좀 드시겠어요?)

→ _____

6 There is still some empty seats. (아직 빈 자리가 몇 개 있다.)

→ _____

❶ 부정관사 a / an

셀 수 있는 단수 명사를 처음 말할 때 명사 앞에 부정관사 a를 쓴다. 단, 명사의 첫소리가 모음이면 an을 쓴다. (an apple, an hour, an orange, an umbrella 등)

막연한 하나를 나타낼 때	I need **a pen**.	나는 펜이 (하나) 필요하다.
~마다 (= per)	They meet once **a month**.	그들은 한 달에 한 번 만난다.
직업을 나타낼 때	He is **an actor**.	그는 배우이다.

❷ 정관사 the

정관사 the는 일반적인 것이 아닌 특정한 것을 나타낼 때 쓴다.

이미 앞에 나온 대상을 다시 언급할 때	I met *a boy*. **The boy** was very kind.	나는 한 소년을 만났다. 그 소년은 매우 친절했다.
서로 아는 대상을 가리킬 때	Please close **the window**.	창문 좀 닫아 주세요.
세상에서 유일한 것 앞	**The sky** is clear. We live on **the Earth**.	하늘이 청명하다. 우리는 지구에 산다.
명사 뒤에 수식어구가 있을 때	**The book** *on the desk* is mine.	책상 위에 있는 책은 내 것이다.
연주하는 악기, 인터넷, 라디오 앞	She plays **the cello**. I found it on **the Internet**. We listen to **the radio**.	그녀는 첼로를 연주한다. 나는 그것을 인터넷에서 찾았다. 우리는 라디오를 듣는다.

❸ 관사를 쓰지 않는 경우

고유 명사 앞	He went to **New York**.	그는 뉴욕에 갔다.
식사, 운동, 과목 이름 앞	Did you have **breakfast**? I play **soccer** in my free time. She teaches **math**.	너는 아침을 먹었니? 나는 시간이 날 때 축구를 한다. 그녀는 수학을 가르친다.
by + 교통 수단	I came here **by subway**.	나는 지하철을 타고 여기에 왔다.
장소가 원래 목적으로 쓰일 때	He goes to **church** on Sundays. I go to **school** every day. The man went to **jail**.	그는 일요일마다 교회에 간다. 나는 매일 학교에 간다. 그 남자는 감옥에 갔다.

EXERCISE

A 빈칸에 a 또는 an 중 알맞은 것을 쓰시오.

1 _____ chair

2 _____ elephant

3 _____ hour

4 _____ house

5 _____ umbrella

6 _____ uniform

7 _____ week

8 _____ yo-yo

EXERCISE B

괄호 안에서 알맞은 것을 고르시오. (×는 필요 없음을 뜻함)

1 She is (a, an) English teacher.

2 (A, The) cat on the sofa is cute.

3 Nick is good at (the, ×) math.

4 The astronaut went to (a, the) moon.

5 I met a girl. (A, The) girl was 9 years old.

6 We went to the airport by (a, ×) taxi.

7 He is in (a, ×) jail. He did something terrible.

8 Does she play (the, ×) tennis?

9 What time did you have (a, ×) lunch?

10 Liam plays (a, the) piano very well.

11 They are cooking in (a, the) kitchen.

12 My father works in (the, ×) China.

EXERCISE C

〈보기〉에서 알맞은 말을 골라 문장을 완성하시오. (×는 필요 없음을 뜻함)

보기	a	an	the	×

1 Do you know _____ bakery on Main Street?

2 We have club meetings twice _____ month.

3 My brother can play _____ guitar.

4 Do you listen to _____ radio?

5 _____ Earth is round.

6 Tom has _____ egg for breakfast.

7 I ordered a book on _____ Internet.

8 _____ money on the table is Bill's.

9 Amy goes to _____ school at 7:30 a.m.

10 Can we go there by _____ bus?

WRITING FOCUS

A 배열 영작　　우리말과 일치하도록 괄호 안의 말을 바르게 배열하시오.

1 그 남자는 치과 의사이다. (the, is, a, man, dentist)

➡ _____

2 나는 일주일에 두 번 수영하러 간다. (go, I, a, swimming, week, twice)

➡ _____

3 나에게 좋은 생각이 있어. (idea, I, good, a, have)

➡ _____

4 그는 밴드에서 드럼을 연주한다. (he, the, in, drums, a, plays, band)

➡ _____

5 우리는 7시에 저녁을 먹는다. (dinner, have, at 7 o'clock, we)

➡ _____

6 Sally는 버스를 타고 학교에 간다. (goes, Sally, to, by, school, bus)

➡ _____

B 빈칸 완성　　우리말과 일치하도록 괄호 안의 말을 이용하여 빈칸에 알맞은 말을 쓰시오.

1 그는 그 서점에서 책을 한 권 샀다. (book)

➡ He bought _____ _____ at the bookstore.

2 그들은 한 시간 동안 기다렸다. (hour)

➡ They waited for _____ _____ .

3 컵 안에 있는 물은 뜨겁다. (water)

➡ _____ _____ in the cup is hot.

4 하늘이 회색 빛이었다. (sky)

➡ _____ _____ was gray.

5 그녀는 비올라를 연주하니? (viola)

➡ Does she play _____ _____ ?

6 그들은 차로 여행을 할 것이다. (car)

➡ They will travel _____ _____ .

C 문장 완성 우리말과 일치하도록 괄호 안의 말을 이용하여 문장을 완성하시오.

1 내 여동생은 학생이다. (student)

→ My sister _____.

2 Tom은 그 나무에서 사과 하나를 땄다. (pick, apple)

→ Tom _____ from the tree.

3 나는 인터넷을 검색했다. (surf, Internet)

→ I _____.

4 그녀는 배드민턴을 매우 잘 친다. (play, badminton)

→ She _____ very well.

5 나는 교회에 다니지 않는다. (go to, church)

→ I _____.

6 그는 고등학교에서 역사를 가르친다. (teach, history)

→ He _____ at a high school.

D 오류 수정 어법상 틀린 부분을 바르게 고쳐 문장을 다시 쓰시오.

1 Bali is a island in Indonesia. (발리는 인도네시아에 있는 섬이다.)

→ _____

2 The contest takes place once the year. (그 대회는 일 년에 한 번 열린다.)

→ _____

3 We already had a breakfast. (우리는 이미 아침을 먹었다.)

→ _____

4 They play the soccer after school. (그들은 방과 후에 축구를 한다.)

→ _____

5 My brother plays a violin. (우리 오빠는 바이올린을 연주한다.)

→ _____

6 We went to Japan by the plane. (우리는 비행기를 타고 일본에 갔다.)

→ _____

01 명사의 복수형이 <u>잘못</u> 연결된 것은?

① man – men   ② foot – feet
③ dish – dishes   ④ knife – knifes
⑤ baby – babies

02 빈칸에 들어갈 관사가 나머지 넷과 <u>다른</u> 것은?

① I'll see you in _____ hour.
② Do you have _____ umbrella?
③ Jessica lives in _____ apartment.
④ The hen lays _____ egg every day.
⑤ My father wears _____ uniform at work.

[03-04] 빈칸에 들어갈 말이 순서대로 짝지어진 것을 고르시오.

03

> Sally has _____ kitten. _____ kitten is very cute.

① a – A   ② a – The
③ the – A   ④ an – The
⑤ the – The

04

> A: Chris, do we have _____ milk?
> B: Yes, we have _____ in the refrigerator.

① any – any   ② any – some
③ some – any   ④ some – little
⑤ any – few

05 우리말을 영어로 바르게 옮긴 것은?

> David는 친구가 거의 없다.

① David has few friends.
② David has little friends.
③ David has a few friends.
④ David has a little friends.
⑤ David doesn't have any friends.

빈출
06 다음 중 어법상 올바른 것은?

① There is many things in his bag.
② There is a lot of cars on the road.
③ There are a big tree in the garden.
④ There are some water in the bottle.
⑤ There are two people in this picture.

07 밑줄 친 부분이 어법상 <u>틀린</u> 것은?

① My friend lives in <u>Japan</u>.
② We came home <u>by a taxi</u>.
③ Is there life on <u>the moon</u>?
④ He <u>goes to work</u> at seven.
⑤ She usually skips <u>breakfast</u>.

고난도
08 어법상 올바른 문장을 <u>모두</u> 고르면?

> ⓐ The baby has two teeth.
> ⓑ He ate two pieces of cake.
> ⓒ My father reads much books.
> ⓓ A few people came late to the party.
> ⓔ I have some apple and strawberry.

① ⓐ, ⓑ, ⓓ   ② ⓐ, ⓑ, ⓔ
③ ⓑ, ⓒ, ⓓ   ④ ⓑ, ⓓ, ⓔ
⑤ ⓒ, ⓓ, ⓔ

서술형

09 밑줄 친 부분을 주어진 말로 바꿔 문장을 다시 쓰시오.

(1) He ate a sandwich for lunch. (two)

→ _____

(2) There is a mouse in the cage. (three)

→ _____

10 주어진 말을 활용하여 대화를 완성하시오.

A: What did you pack for the trip?
B: I packed three T-shirts and _____

_____ _____ _____ .

(two, jeans)

11 어법상 틀린 것을 찾아 기호를 쓰고 바르게 고치시오.

Yesterday, Susan bought a ⓐbottle of
ⓑjuice, three ⓒloaves of ⓓbreads, and
five ⓔtomatoes at the supermarket.

( ) → _____

12 빈칸에 a, an, the 중 알맞은 것을 쓰시오.

(1) There is _____ elephant in the picture.

(2) I take piano lessons twice _____ week.

(3) Gloria plays _____ violin in an orchestra.

13 우리말과 일치하도록 주어진 말을 바르게 배열하시오.

(1) 나는 아침 식사로 시리얼 한 그릇을 먹었다.

(a, had, bowl, cereal, I, for, of, breakfast)

→ _____

(2) 밥솥에 밥이 조금 있다.

(there, the, some, rice cooker, rice, is, in)

→ _____

14 어법상 틀린 부분을 찾아 바르게 고치시오.

(1) We caught a lot of fishes yesterday.
(우리는 어제 물고기를 많이 잡았다.)

_____ → _____

(2) They play the soccer on Saturdays.
(그들은 토요일마다 축구를 한다.)

_____ → _____

15 〈보기〉에서 알맞은 말을 골라 문장을 완성하시오.

| 보기 | few | a few | little | a little |

(1) 그들은 며칠 동안 여기서 머물 것이다.

→ He will stay here for _____ days.

(2) 제 커피에 우유를 조금만 넣어 주실래요?

→ Can you put _____ milk in my coffee?

16 그림을 보고, 〈조건〉에 맞게 대화를 완성하시오.

> 조건 (1)은 slice를 활용할 것
> (2)는 관사를 포함해서 쓸 것

A: What did you have for lunch?
B: I had (1) _____ pizza and
　 (2) _____ lemonade.

17 각 상자에서 필요한 말을 하나씩 골라 문장을 완성하시오.

some	ice	picture
any	ices	pictures

(1) Emma took _____ at the zoo.
(2) There isn't _____ in the
　 refrigerator.

18 〈보기〉에서 알맞은 말을 골라 문장을 완성하시오.
(×는 필요 없음을 뜻함)

보기	a	an	the	×

A: What do you do for a living?
B: I am (1) _____ high school teacher.
A: What subject do you teach?
B: I teach (2) _____ science.

[19-20] 다음 글을 읽고, 물음에 답하시오.

How to Make Pancakes

First, put three cups of flour in a large bowl.
Then, add 약간의 소금. (little, salt)
Second, add two cups of milks and two eggs
for pancake batter.
Third, heat a frying pan and pour the batter.
Cook until it turns brown.

*batter 반죽

19 밑줄 친 우리말과 일치하도록 주어진 말을 활용하여 문장을 완성하시오.

→ Then, add _____.

고난도
20 어법상 틀린 부분을 찾아 바르게 고치시오.

_____ → _____

Chapter 06

대명사

지시대명사, 비인칭 주어 it
GRAMMAR FOCUS

대명사는 명사를 대신해서 쓰는 말로, 지시대명사, 인칭대명사, 재귀대명사 등이 있다.

❶ 지시대명사

지시대명사는 가까이 있거나 멀리 있는 사물 또는 사람을 지칭할 때 쓴다.

this, these	이것, 이것들	**This** is my bag. **These** are my bags.	**이것은** 내 가방이다. **이것들은** 내 가방이다.
that, those	저것, 저것들	**That** is my book. **Those** are my books.	**저것은** 내 책이다. **저것들은** 내 책이다.

plus this, these, that, those는 명사 앞에서 지시형용사로 쓰일 수도 있다.

This pie is delicious. **이 파이는** 맛있다.

Those puppies are cute. **저 강아지들은** 귀엽다.

❷ 비인칭 주어 it

시간, 날짜, 요일, 날씨, 명암, 거리 등을 나타낼 때 비인칭 주어 it을 쓴다. 이때 it은 형식적인 주어이므로 '그것'으로 해석하지 않는다.

시간	**It** is 7 o'clock now.	날씨	**It** is sunny today.
날짜	**It** is July 5.	명암	**It** is getting dark.
요일	A: What day is **it**? B: **It** is Monday.	거리	**It** is about 400km from here to Busan.

EXERCISE A

괄호 안에서 알맞은 것을 고르시오.

1 (This, These) book is interesting.

2 (This, These) are my pens.

3 Look at (that, those) birds.

4 (This, It) is windy today.

5 What time is (that, it) now?

6 (This, These) clothes are expensive.

7 (That, Those) car belongs to him.

8 (This, It) is Kate's birthday today.

9 (This, It) is my cousin, Mark.

10 (That, Those) pants are too small for me.

EXERCISE B

우리말과 일치하도록 빈칸에 알맞은 대명사를 쓰시오.

1 이것은 내 사진이다.

➝ _____ is my picture.

2 이것들은 내 신발이다.

➝ _____ are my shoes.

3 저것은 무엇입니까?

➝ What is _____ ?

4 저 사람들은 누구니?

➝ Who are _____ people?

5 오늘은 무슨 요일이니?

➝ What day is _____ today?

6 어제는 날씨가 더웠다.

➝ _____ was hot yesterday.

EXERCISE C

밑줄 친 부분을 바르게 고쳐 문장을 다시 쓰시오.

1 <u>This</u> is December 10.

➝ _____

2 Look at <u>that flowers</u>. They are beautiful.

➝ _____ They are beautiful.

3 <u>These window</u> is too dirty. It needs cleaning.

➝ _____ It needs cleaning.

4 <u>That</u> is Sunday today. Go out and have fun.

➝ _____ Go out and have fun.

5 Whose computer is <u>these</u>? It looks expensive.

➝ _____ It looks expensive.

6 <u>That students</u> are in my class. They are all good.

➝ _____ They are all good.

WRITING FOCUS

A 배열 영작 우리말과 일치하도록 괄호 안의 말을 바르게 배열하시오.

1 오늘은 날씨가 춥다. (is, cold, it, today)

➡ _____

2 이것은 내 차가 아니다. (this, car, is, not, my)

➡ _____

3 이 책들은 어렵다. (difficult, books, are, these)

➡ _____

4 저 개는 갈색이다. (brown, dog, that, is)

➡ _____

5 저분들은 나의 부모님이다. (are, parents, those, my)

➡ _____

6 오늘은 며칠이니? (it, is, what, today, date)

➡ _____

B 빈칸 완성 우리말과 일치하도록 괄호 안의 말을 이용하여 빈칸에 알맞은 말을 쓰시오.

1 Smith 씨 가족은 저 집에 산다. (house)

➡ The Smiths live in _____ _____.

2 나는 이 안경을 작년에 샀다. (glasses)

➡ I bought _____ _____ last year.

3 저 쿠키들은 맛있어 보인다. (cookies)

➡ _____ _____ look delicious.

4 이 음료는 너무 차다. (drink)

➡ _____ _____ is too cold.

5 저 남자는 Dave이다. (man)

➡ _____ _____ is Dave.

6 밖은 어둡다. (dark)

➡ _____ _____ _____ outside.

C 문장 완성　　우리말과 일치하도록 괄호 안의 말을 이용하여 문장을 완성하시오.

1 지금은 오후 8시다. (8:00 p.m.)

→ _____ now.

2 오늘은 바람이 많이 분다. (windy)

→ _____ today.

3 이것은 나의 아버지의 시계이다. (my father's watch)

→ _____

4 이것들은 내가 가장 좋아하는 노래이다. (my favorite songs)

→ _____

5 저것은 내 바이올린이다. (my violin)

→ _____

6 저것들은 내 여동생의 장난감이다. (my sister's toys)

→ _____

D 오류 수정　　어법상 틀린 부분을 바르게 고쳐 문장을 다시 쓰시오.

1 What time is this now? (지금 몇 시니?)

→ _____

2 That are my textbooks. (저것들은 내 교과서이다.)

→ _____

3 This is May 5. (5월 5일이다.)

→ _____

4 It is my friend, Nancy. (이쪽은 내 친구 Nancy야.)

→ _____

5 What are that children doing? (저 아이들은 무엇을 하고 있니?)

→ _____

6 I like these shirt. (나는 이 셔츠가 마음에 든다.)

→ _____

① 인칭대명사와 재귀대명사

수	인칭	주격 (~은/는)	소유격 (~의)	목적격 (~을/를, ~에게)	소유대명사 (~의 것)	재귀대명사 (~ 자신)
단수	1인칭	I	my	me	mine	myself
	2인칭	you	your	you	yours	yourself
	3인칭	he	his	him	his	himself
		she	her	her	hers	herself
		it	its	it	–	itself
복수	1인칭	we	our	us	ours	ourselves
	2인칭	you	your	you	yours	yourselves
	3인칭	they	their	them	theirs	themselves

I am a student. **나는** 학생이다.

This is **your** book. 이것은 **너의** 책이다.

Everybody likes **him**. 모두가 **그를** 좋아한다.

The guitar is **hers**. 그 기타는 **그녀의 것**이다.

> **plus** 명사의 소유격과 소유대명사는 뒤에 's를 붙여 나타낸다.
>
> Is this **Jane's** bag? 이것은 **Jane의** 가방이니?
>
> That car is **my father's**. 저 차는 **나의 아버지의 것**이다.

② 재귀대명사의 쓰임

(1) 재귀 용법: '자신'의 의미로, 주어와 목적어가 같을 때 목적어 자리에 쓴다. 이 경우 재귀대명사는 생략할 수 없다.

She introduced **herself**. 그녀는 **자신을** 소개했다.

Rex wrote about **himself**. Rex는 **자신에** 대해 글을 썼다.

(2) 강조 용법: '직접, 스스로, 자체'의 의미로, 주어나 목적어를 강조할 때 쓴다. 주로 강조하는 말 바로 뒤나 문장 끝에 쓰고, 이 경우 재귀대명사는 생략할 수 있다.

I **myself** will do it. 내가 **직접** 그것을 할 것이다.

They made dinner **themselves**. 그들은 **스스로** 저녁을 만들었다.

A 괄호 안에서 알맞은 것을 고르시오.

1 I am (your, yours) best friend.

2 This is an old chair, but I like (it, them).

3 The notebook is (her, hers).

4 Steven is (our, us) new neighbor.

5 Can I borrow your pen? I lost (my, mine).

EXERCISE B

〈보기〉에서 알맞은 재귀대명사를 골라 문장을 완성하시오. (중복 사용 가능)

보기	myself	yourself	himself	herself
	itself	yourselves	ourselves	themselves

1 They hurt _____ during the game.

2 I cut _____ while cooking.

3 We should believe in _____ .

4 He blamed _____ for the mistake.

5 Please help _____ , everyone!

6 She is looking at _____ in the mirror.

7 Jack and Susan enjoyed _____ at the party.

8 The man painted the room _____ .

9 Peter, did you make these cookies _____ ?

10 The food _____ was great, but it was too expensive.

EXERCISE C

우리말과 일치하도록 빈칸에 알맞은 말을 쓰시오.

1 그녀는 그들을 도왔다.

→ _____ helped _____ .

2 나는 그것을 내 주머니에 가지고 있다.

→ I have _____ in _____ pocket.

3 그의 가방은 빨간색이고 그녀의 것은 노란색이다.

→ _____ bag is red, and _____ is yellow.

4 그는 우리를 좋아하고, 우리도 그를 좋아한다.

→ He likes _____ , and we like _____ , too.

5 그녀는 자신을 돌볼 수 있다.

→ _____ can take care of _____ .

6 그들은 스스로 옷을 입었다.

→ _____ dressed _____ .

WRITING FOCUS

A 배열 영작   우리말과 일치하도록 괄호 안의 말을 바르게 배열하시오.

1 그 신발은 나의 것이다. (mine, shoes, are, the)

➡ _____

2 나는 그와 그의 부인을 초대했다. (I, him, his, invited, and, wife)

➡ _____

3 여행은 즐거웠니? (you, enjoy, trip, did, your)

➡ _____

4 우리는 직접 그 집을 지었다. (built, ourselves, house, the, we)

➡ _____

5 그녀는 자신이 자랑스러웠다. (was, herself, she, proud of)

➡ _____

6 어떤 사람들은 자신을 사랑하지 않는다. (people, don't, themselves, some, love)

➡ _____

B 빈칸 완성   우리말과 일치하도록 빈칸에 알맞은 말을 쓰시오.

1 그 개는 나를 따라왔다.

➡ The dog followed _____ .

2 그는 우리의 영어 선생님이고, 우리는 그를 좋아한다.

➡ He is _____ English teacher, and we like _____ .

3 그의 고양이는 검은색이고, 그녀의 것은 흰색이다.

➡ _____ cat is black, and _____ is white.

4 그녀는 자신의 사진을 찍었다.

➡ _____ took a picture of _____ .

5 그는 자신에 대해 이야기하지 않는다.

➡ _____ doesn't talk about _____ .

6 우리는 직접 점심을 준비했다.

➡ _____ prepared lunch _____ .

C 문장 완성 우리말과 일치하도록 괄호 안의 말을 이용하여 문장을 완성하시오.

1 Sally와 나는 가장 친한 친구이다. (best friends)

→ _____

2 우리는 그를 잘 알고 있다. (know, well)

→ _____

3 그 컴퓨터는 그들의 것이다. (the computer)

→ _____

4 내가 직접 그것을 만들었다. (make)

→ _____

5 그녀는 다쳤다. (hurt)

→ _____

6 그들은 자기소개를 했다. (introduce)

→ _____

D 오류 수정 밑줄 친 부분을 바르게 고쳐 문장을 다시 쓰시오.

1 I see <u>he</u> every morning. (나는 매일 아침 그를 본다.)

→ _____

2 The blue car is <u>their</u>. (그 파란 차는 그들의 것이다.)

→ _____

3 <u>Hers</u> house is next to mine. (그녀의 집은 나의 집 옆에 있다.)

→ _____

4 I fixed the bike <u>me</u>. (나는 그 자전거를 직접 수리했다.)

→ _____

5 She only cares about <u>her</u>. (그녀는 자신에 대해서만 신경 쓴다.)

→ _____

6 My brother and I enjoyed <u>us</u>. (내 남동생과 나는 즐거운 시간을 보냈다.)

→ _____

ACTUAL TEST

[01-02] 빈칸에 들어갈 말로 알맞은 것을 고르시오.

01

> My mom loves my sister and _____.

① I   ② my   ③ me
④ mine   ⑤ myself

02

> My name is Susan. What is _____?

① you   ② your
③ yours   ④ yourself
⑤ yourselves

03 빈칸에 들어갈 말이 순서대로 짝지어진 것은?

> A: Are _____ your new boots?
> B: Yes, I bought _____ last week.

① this – it   ② that – those
③ these – they   ④ these – them
⑤ those – theirs

04 우리말을 영어로 바르게 옮긴 것은?

> 그는 자주 혼잣말을 한다.

① He often talks to he.
② He often talks to his.
③ He often talks to him.
④ He often talks to hisself.
⑤ He often talks to himself.

05 밑줄 친 부분의 의미가 나머지 넷과 **다른** 것은?

① Jane is <u>her</u> sister.
② <u>Her</u> nickname is Miki.
③ I saw <u>her</u> this morning.
④ Ann always tries <u>her</u> best.
⑤ I met <u>her</u> parents yesterday.

06 〈보기〉의 밑줄 친 부분과 쓰임이 **다른** 것은?

> 보기 <u>It</u> is Sunday today.

① <u>It</u> is raining.
② <u>It</u> is our dog.
③ What time is <u>it</u>?
④ <u>It</u> is December 31.
⑤ How far is <u>it</u> to Busan?

빈출
07 밑줄 친 부분의 쓰임이 올바른 것은?

① The man hurt <u>itself</u>.
② She is drawing <u>myself</u>.
③ The cat is scratching <u>itself</u>.
④ I can see <u>yourself</u> in the mirror.
⑤ Babies cannot take care of <u>themself</u>.

고난도
08 어법상 올바른 문장의 개수는?

> ⓐ He wrote a book about myself.
> ⓑ Did you paint this picture yourself?
> ⓒ She didn't invite ourselves to the party.
> ⓓ The guests served themselves at the buffet.
> ⓔ Sally and I enjoyed myselves at the amusement park.

① 1개   ② 2개   ③ 3개
④ 4개   ⑤ 5개

✎ 서술형

09 주어진 말을 알맞은 형태로 써서 문장을 완성하시오.

(1) Mr. Brown teaches _____. (we)

(2) _____ names are Benny and Joon. (they)

(3) These flowers are _____. (you)

10 주어진 말을 바르게 배열하여 문장을 완성하시오.

(1) (his, playing, the, dog, boy, is, with)

→ _____

(2) (my, invited, to, them, I, party)

→ _____

11 빈칸에 밑줄 친 부분을 대신하는 알맞은 대명사를 쓰시오.

(1) The girls opened _____ presents.

(2) We have a dog. _____ name is Milo.

(3) Kate and Tim are my classmates. I see _____ every day.

12 주어진 말을 사용하여 대화를 완성하시오.

A: What's the weather like today?
B: _____ _____ _____
_____ _____.
(warm and sunny)

13 우리말과 일치하도록 주어진 말을 활용하여 문장을 완성하시오.

(1) 이 문제들은 어렵다. (question)

→ _____
difficult.

(2) 그녀는 거울 속 자신을 바라보았다. (look at)

→ _____
in the mirror.

14 어법상 틀린 부분을 찾아 바르게 고치시오.

(1) This is 7 o'clock now.

_____ → _____

(2) My sister's backpack is blue. My is orange.

_____ → _____

15 〈보기〉에서 필요한 단어들만 골라 대화를 완성하시오.

| 보기 | this | these | my | mine |

A: Henry, is (1) _____ your coat?
B: No, it's not (2) _____.

16 그림을 보고, 알맞은 재귀대명사를 사용하여 문장을 완성하시오.

(1)  (2)

(1) She is taking a photo of _____.

(2) We are proud of _____.

17 〈보기〉에서 필요한 단어들만 골라 대화를 완성하시오.

보기	I	this	myself
	me	these	themselves

A: Who made (1) _____ cookies?

B: I made them (2) _____.

A: Really? They are delicious. How did you make them?

B: My mom taught (3) _____ how to make them.

18 〈보기〉에서 필요한 단어들만 골라 배열하여 문장을 완성하시오.

보기	she	her	introduced
	hers	herself	

→ _____

to the class.

19 괄호 안에서 알맞은 말을 골라 빈칸에 쓰시오.

(1) (Her / Hers) house is big.

(2) This notebook is (him / his).

(3) The tall man is (their / theirs) father.

(4) Blue is (my / mine) favorite color.

(1) _____ (2) _____

(3) _____ (4) _____

고난도

20 대화를 읽고, 어법상 틀린 것을 찾아 기호를 쓰고 바르게 고치시오.

A: Susan, do you have any pets?

B: Yes, I have two cats.

A: How often do you bathe ⓐthem?

B: About once a month. Actually, cats clean ⓑthem daily, so ⓒthey don't need a regular bath.

( ) → _____

Chapter 07

형용사, 부사, 비교

① 형용사

형용사는 명사, 대명사의 성질이나 상태를 설명하는 말로, 주로 명사 앞이나 be동사 뒤에 쓰인다.

She is a **good** *singer*. 그녀는 **좋은** 가수이다. 〈명사 수식〉

The flowers are **beautiful**. 그 꽃들은 **아름답다**. 〈주어 설명〉

> **plus** -thing, -body, -one으로 끝나는 대명사는 형용사가 뒤에서 수식한다.
>
> I want *something* **fun**. 나는 **재미있는** 무언가를 원한다.

② 부사

(1) 부사의 역할: 부사는 동사, 형용사, 다른 부사, 문장 전체를 꾸며준다.

She *walked* **slowly**. 그녀는 **천천히** 걸었다. 〈동사 수식〉

Tom is **very** *hungry*. Tom은 **매우** 배가 고프다. 〈형용사 수식〉

You're talking **too** *fast*. 너는 **너무** 빨리 말하고 있어. 〈부사 수식〉

Luckily, *we weren't late*. **다행히도**, 우리는 늦지 않았다. 〈문장 전체 수식〉

(2) 부사의 형태

대부분의 부사	형용사 + **-ly**	sadly nicely quietly carefully
-le로 끝나는 형용사	**e**를 빼고 + **-y**	simple → simply terrible → terribly
-y로 끝나는 형용사	**y**를 **i**로 고치고 + **-ly**	easy → easily happy → happily
형용사와 형태가 같은 부사	fast(빠른) → **fast**(빠르게) high(높은) → **high**(높이) early(이른) → **early**(일찍) late(늦은) → **late**(늦게) hard(힘든, 단단한, 열심인) → **hard**(열심히) *-ly를 붙이면 뜻이 달라지는 부사: lately(최근에), highly(매우), hardly(거의 ~ 않다)
불규칙 변화	good → **well**	

Mike is a **fast** *runner*. Mike는 **빠른** 주자이다. 〈형용사〉

George *runs* **fast**. George는 **빨리** 달린다. 〈부사〉

cf. 부사로 혼동하기 쉬운 형용사: friendly(상냥한), lonely(외로운), lovely(사랑스러운)

(3) 빈도부사: 어떤 일이 얼마나 자주 일어나는지를 나타내는 말로, 일반동사의 앞, be동사와 조동사의 뒤에 위치한다.
의문문에서는 빈도부사가 주어 뒤에 온다.

빈도 낮음 ───→ 빈도 높음				
never	**sometimes**	**often**	**usually**	**always**
한 번도(결코) ~ 않는	가끔, 때때로	자주	보통	항상

He **never** *says* no to me. 그는 내게 **한 번도** 안 된다고 말하지 **않는다**. 〈일반동사 앞〉

I *am* **usually** free in the afternoon. 나는 **보통** 오후에는 한가하다. 〈be동사 뒤〉

You *can* **always** use this computer. 당신은 **항상** 이 컴퓨터를 사용할 수 있습니다. 〈조동사 뒤〉

Is *she* **often** late? 그녀는 **자주** 늦니? 〈의문문: 주어 뒤〉

Does *he* **sometimes** play the piano? 그는 **가끔** 피아노를 연주하니? 〈의문문: 주어 뒤〉

EXERCISE A

괄호 안에서 알맞은 것을 고르시오.

1 She has a (beautiful, beautifully) voice.

2 My neighbor is (nice, nicely) to me.

3 Phil speaks Korean (fluent, fluently).

4 Mr. Simpson works (hard, hardly) every day.

5 Tom came home (late, lately) yesterday.

6 I'd like to eat (sweet something, something sweet).

EXERCISE B

괄호 안의 말을 이용하여 문장을 완성하시오.

1 Please drive _____. (careful)

2 She whispered _____ in my ear. (quiet)

3 My grandmother can't walk _____. (fast)

4 The prince and the princess lived _____ ever after. (happy)

5 The drone is flying _____ in the sky. (high)

6 My classmate plays basketball very _____. (good)

EXERCISE C

괄호 안의 말을 알맞은 곳에 넣어 문장을 다시 쓰시오.

1 Carol is talkative. (usually)

→ Carol _____.

2 Mr. Brown drives to work. (often)

→ Mr. Brown _____.

3 He will help me with my homework. (never)

→ He _____ with my homework.

4 Is he rude to people? (always)

→ _____ to people?

5 Do you cook for your family? (sometimes)

→ _____ for your family?

WRITING FOCUS

A 배열 영작   우리말과 일치하도록 괄호 안의 말을 바르게 배열하시오.

1 나는 노란색 셔츠를 샀다. (yellow, I, a, bought, shirt)

→ _____

2 그는 유명한 배우가 되었다. (he, a, actor, famous, became)

→ _____

3 우리는 뭔가 놀라운 것을 들었다. (something, heard, we, surprising)

→ _____

4 그는 수영을 아주 잘한다. (well, he, very, swims)

→ _____

5 그녀는 일찍 잠자리에 들었다. (early, went, she, bed, to)

→ _____

6 Jacob은 절대 학교에 늦지 않는다. (late, never, for, Jacob, is, school)

→ _____

B 빈칸 완성   우리말과 일치하도록 괄호 안의 말을 이용하여 빈칸에 알맞은 말을 쓰시오.

1 그녀는 생머리예요? (straight, hair)

→ Does she have _____ _____?

2 그 거리는 매우 시끄러웠다. (noisy, very)

→ The street was _____ _____.

3 어제 그는 흥미로운 누군가를 만났다. (interesting, someone)

→ Yesterday, he met _____ _____.

4 그 아이들은 행복하게 노래를 불렀다. (happy, sing)

→ The children _____ _____ a song.

5 우리는 그 시험을 위해 열심히 공부했다. (study, hard)

→ We _____ _____ for the exam.

6 나는 보통 매운 음식을 먹지 않는다. (eat)

→ I _____ _____ _____ spicy food.

C 문장 완성 우리말과 일치하도록 괄호 안의 말을 이용하여 문장을 완성하시오.

1 George는 훌륭한 피아노 연주자이다. (excellent, pianist)

→ George _____.

2 그녀는 무언가 잘못된 일을 했다. (do, wrong, something)

→ She _____.

3 나의 아버지는 안전하게 운전하신다. (drive, safe)

→ My father _____.

4 그 버스는 늦게 도착했다. (arrive, late)

→ The bus _____.

5 그녀는 자주 웃는다. (smile)

→ She _____.

6 나는 항상 최선을 다 할 것이다. (will, do my best)

→ I _____.

D 오류 수정 어법상 틀린 부분을 바르게 고쳐 문장을 다시 쓰시오.

1 My brother was a greatly student. (나의 형은 훌륭한 학생이었다.)

→ _____

2 We need smart someone. (우리는 똑똑한 누군가가 필요하다.)

→ _____

3 She completed the puzzle easy. (그녀는 그 퍼즐을 쉽게 완성했다.)

→ _____

4 Can you cook good? (너는 요리를 잘 할 수 있니?)

→ _____

5 The kite flew highly in the sky. (그 연은 하늘 높이 날았다.)

→ _____

6 I always am tired after school. (나는 방과 후에 항상 피곤하다.)

→ _____

UNIT 02 비교

GRAMMAR FOCUS

1 원급

원급은 동등한 두 대상을 비교할 때 쓴다. 「as + 형용사/부사의 원급 + as」 형태이며, '~만큼 …한/하게'의 의미이다.

He is **as tall as** his father now. 그는 이제 그의 아버지**만큼 키가 크다**.

The kiwi is **not as sweet as** the mango. 키위는 망고**만큼 달지 않다**.

2 비교급

비교급은 둘 이상의 대상을 비교할 때 쓴다. 「비교급 + than」 형태이며, '~보다 더 …한/하게'의 의미이다.

Your bag is **bigger than** mine. 네 가방은 내 것**보다 더 크다**.

This book is **more expensive than** that one. 이 책은 저것**보다 더 비싸다**.

3 최상급

최상급은 셋 이상의 대상을 비교할 때 쓴다. 「the + 최상급(+ in/of)」 형태이며, '가장 ~한/하게'의 의미이다.

Mt. Everest is **the highest** mountain *in the world*. 에베레스트 산은 세계에서 **가장 높은** 산이다. 〈in + 장소〉

The blue dress is **the most beautiful** *of the three*. 파란 드레스가 셋 중에서 **가장 아름답다**. 〈of + 숫자/기간〉

4 비교급과 최상급 만드는 법

대부분의 경우	+ -**er/est**	fast	fast**er**	fast**est**
-e로 끝나는 경우	+ -**r/st**	large	larg**er**	larg**est**
-y로 끝나는 경우	**y**를 **i**로 고치고 + -**er/est**	easy	eas**ier**	eas**iest**
「단모음 + 단자음」으로 끝나는 경우	자음을 한 번 더 쓰고 + -**er/est**	hot	hot**ter**	hot**test**
2, 3음절 이상인 경우	**more/most** + 원급	difficult	**more** difficult	**most** difficult
불규칙 변화	good/well(좋은) – **better**(더 좋은) – **best**(가장 좋은) bad(나쁜) – **worse**(더 나쁜) – **worst**(가장 나쁜) many/much(많은) – **more**(더 많은) – **most**(가장 많은) little(작은[적은]) – **less**(더 작은[적은]) – **least**(가장 작은[적은])			

EXERCISE A

주어진 단어의 비교급과 최상급을 쓰시오.

1 old _____ _____

2 nice _____ _____

3 pretty _____ _____

4 healthy _____ _____

5 big _____ _____

6 thin _____ _____

7 good _____ _____

8 bad _____ _____

9 famous _____ _____

10 important _____ _____

B 괄호 안에서 알맞은 것을 고르시오.

1 My handwriting is (good, better) than hers.

2 My puppy is (cuter, cutest) than yours.

3 Jiwon walks (slower, more slowly) than me.

4 He looks (happier, more happy) than yesterday.

5 Sam is the (better, best) player on the football team.

6 Mark is as (funny, funnier) as Liam.

7 Chicken is not as (expensive, most expensive) as beef.

8 Jane is the (more popular, most popular) girl in her class.

9 Surfing is (more interesting, most interesting) than snorkeling to me.

10 I got the (worse, worst) score in my class.

11 The bookshelf is (heavier, more heavy) than the table.

12 The cheetah is the (faster, fastest) animal in the world.

C 괄호 안의 말을 이용하여 비교하는 문장을 완성하시오.

1 His brother is as _____ as he is. (clever)

2 Jane speaks English as _____ as Mike. (well)

3 Text messages are _____ than emails. (easy)

4 This is the _____ river in France. (long)

5 January is the _____ month of the year. (cold)

6 Julian is the _____ boy of the three. (tall)

7 Her cellphone is _____ than his. (expensive)

8 Jimin studies _____ than anyone else. (hard)

9 Friends are as _____ to me as family. (important)

10 This puzzle is _____ than that one. (difficult)

11 The silver ring is the _____ of all the rings. (cheap)

12 The hotel's service was as _____ as its ratings. (good)

WRITING FOCUS

A 배열 영작   우리말과 일치하도록 괄호 안의 말을 바르게 배열하시오.

1 한라산은 남한에서 가장 높은 산이다. (highest, is, mountain, in, the, South Korea)

→ Mt. Halla _____ .

2 미나는 지수보다 더 빨리 달릴 수 있다. (can, Jisoo, run, than, faster)

→ Mina _____ .

3 James는 그의 형보다 더 인기가 있다. (more, than, popular, brother, is, his)

→ James _____ .

4 그 영화는 그 책만큼 흥미롭다. (the, as, book, interesting, is, as)

→ The movie _____ .

5 그는 나보다 요리를 더 잘한다. (me, better, cooks, than)

→ He _____ .

6 물리는 나에게 가장 어려운 과목이다. (subject, the, difficult, is, most)

→ Physics _____ for me.

B 빈칸 완성   우리말과 일치하도록 괄호 안의 말을 이용하여 빈칸에 알맞은 말을 쓰시오.

1 연습이 재능보다 더 중요하다. (important)

→ Practice is _____ _____ _____ talent.

2 그의 스페인어 실력은 내 것보다 더 좋다. (good)

→ His Spanish is _____ _____ mine.

3 이것이 모든 것 중에 가장 흥미로운 책이다. (interesting, book)

→ This is _____ _____ _____ _____ of all.

4 Ricky는 Bailey보다 나이가 더 많다. (old)

→ Ricky is _____ _____ Bailey.

5 내게 가능한 한 빨리 문자를 주세요. (soon)

→ Text me _____ _____ _____ possible.

6 그는 그 동네에서 가장 큰 집에 산다. (big, house)

→ He lives in _____ _____ _____ in the neighborhood.

C 문장 완성   우리말과 일치하도록 괄호 안의 말을 이용하여 문장을 완성하시오.

1   서울은 한국에서 가장 붐비는 도시이다. (crowded, city, Korea)

→ Seoul _____ .

2   Mike는 셋 중에서 키가 가장 작은 학생이다. (short, student, the three)

→ Mike _____ .

3   이 계획이 다른 것보다 더 나쁘다. (bad, the other one)

→ This plan _____ .

4   그의 고양이는 그녀의 것보다 더 뚱뚱하다. (fat, hers)

→ His cat _____ .

5   그의 성적은 내 것만큼 좋다. (good, mine)

→ His grades _____ .

6   나에게 스위스는 오스트리아보다 더 아름답다. (beautiful, Austria)

→ Switzerland _____ to me.

D 오류 수정   어법상 틀린 부분을 바르게 고쳐 문장을 다시 쓰시오.

1   Tom is as taller as Brad. (Tom은 Brad만큼 키가 크다.)

→ _____

2   Your steak is biger than mine. (너의 스테이크가 내 것보다 더 크다.)

→ _____

3   This Italian restaurant is famouser than that one. (이 이탈리아 식당은 저곳보다 더 유명하다.)

→ _____

4   My dad's pasta tastes best than this. (우리 아빠의 파스타가 이것보다 더 맛있다.)

→ _____

5   London is most expensive city in England. (런던은 영국에서 가장 비싼 도시이다.)

→ _____

6   Emily is the most pretty girl in the class. (Emily는 그 반에서 가장 예쁜 소녀이다.)

→ _____

ACTUAL TEST

[01-02] 빈칸에 들어갈 말로 알맞지 <u>않은</u> 것을 고르시오.

01

> Mr. Green has a(n) _____ car.

① old ② small
③ nicely ④ yellow
⑤ expensive

02

> Diana sang a song very _____.

① well ② sadly
③ lovely ④ loudly
⑤ beautifully

03 빈칸에 들어갈 말로 알맞은 것은?

> The sun is _____ than the moon.

① bright ② brighter
③ very bright ④ more bright
⑤ the brightest

빈출
04 우리말과 일치하도록 주어진 말을 배열할 때, 네 번째로 오는 단어는?

> 내 컴퓨터에 무언가 이상이 있다.
> (wrong, is, something, computer, there, my, with)

① is ② with
③ there ④ wrong
⑤ something

05 다음 문장에서 usually가 들어갈 위치로 알맞은 곳은?

> My parents (①) are (②) at (③) home (④) in (⑤) the evening.

①   ②   ③   ④   ⑤

06 우리말을 영어로 바르게 옮긴 것은?

> 민수는 나보다 더 빨리 달릴 수 있다.

① Minsu can run fast than me.
② Minsu can run faster than me.
③ Minsu can run fastest than me.
④ Minsu can run more fast than me.
⑤ Minsu can run more fastly than me.

07 밑줄 친 부분이 어법상 올바른 것은?

① Tony speaks Korean <u>perfect</u>.
② He studied <u>hardly</u> for the exam.
③ The thief walked <u>slow</u> to the door.
④ Mr. Lee arrived <u>lately</u> for the meeting.
⑤ The firemen <u>bravely</u> rescued the people.

고난도
08 어법상 올바른 문장의 개수는?

> ⓐ Her hair is as shorter as mine.
> ⓑ Apples are healthier than hamburgers.
> ⓒ Dogs are more popular than other pets.
> ⓓ She is the most smartest girl in the class.
> ⓔ Diamond is the hardest germ in the world.

① 1개 ② 2개 ③ 3개
④ 4개 ⑤ 5개

✎ 서술형

09 주어진 말을 활용하여 문장을 완성하시오.

(1) It snowed _____ yesterday. (heavy)

(2) You should drive _____ on icy roads. (careful)

10 우리말과 일치하도록 〈보기〉에서 필요한 단어들만 골라 배열하여 문장을 완성하시오.

(1) 그녀는 행복한 어린 시절을 보냈다.

보기	she	happy	happily
	had	a	childhood

→ _____

(2) Ted는 태국 음식을 잘 요리할 수 있다.

보기	can	cook	Ted
	well	good	Thai food

→ _____

11 괄호 안에 주어진 말을 넣어 문장을 다시 쓰시오.

(1) My teacher is kind to every student. (always)

→ _____

(2) We play soccer together on Saturdays. (often)

→ _____

12 어법상 <u>틀린</u> 부분을 찾아 바르게 고치시오.

(1) Eric forgets things easy.

_____ → _____

(2) Flowers blossomed earlily this spring.

_____ → _____

13 우리말과 일치하도록 주어진 말을 바르게 배열하시오.

나는 내 생일에 특별한 것을 원한다.
(want, special, I, something)

→ _____

on my birthday.

14 빈칸에 들어갈 말을 〈보기〉에서 골라 알맞은 형태로 쓰시오. (단, 한 번씩만 쓸 것)

보기	good	hot	difficult

(1) The weather in Kenya is _____ than in Italy.

(2) Math is _____ than English for me.

(3) Mina's brother speaks English _____ _____ than her.

15 우리말과 일치하도록 주어진 말을 활용하여 문장을 완성하시오.

(1) 그녀의 방은 내 방보다 더 깨끗하다. (clean)

→ Her room is _____ mine.

(2) Gloria는 그 학교에서 가장 노래를 잘한다. (good, singer)

→ Gloria is _____ in the school.

16 그림을 보고, 주어진 말을 활용하여 문장을 완성하시오.

→ Chris can jump _____ _____
_____ Cindy. (high)

17 다음 표를 보고, 〈보기〉에 주어진 단어를 활용하여 비교하는 문장을 완성하시오. (단, 한 번씩만 쓸 것)

	Mark	Peter	Sean
Age	15	16	17
Weight	60kg	55kg	60kg
Height	155cm	165cm	160cm

보기	heavy	tall	young

(1) Mark is _____ _____ Sean.

(2) Sean is _____ _____
_____ Mark.

(3) Peter is _____ _____ person of
the three.

18 두 문장을 〈조건〉에 맞게 한 문장으로 바꿔 쓰시오.

The Amazon is long. The Nile is longer.

조건 1. long을 활용할 것
2. 비교하는 문장으로 쓸 것

(1) The Amazon is not _____
_____ _____ the Nile.

(2) The Nile is _____ _____ the
Amazon.

19 밑줄 친 부분이 어법상 **틀린** 문장의 기호를 쓰고, 밑줄 친 부분을 바르게 고치시오.

ⓐ Ryan is lazier than his brother.
ⓑ Brian came to school later than me.
ⓒ The weather is worse than yesterday.
ⓓ Today is the most lucky day of my life.
ⓔ The pants are as expensive as the jacket.

( ) → _____

고난도
20 대화를 읽고, 어법상 **틀린** 부분을 찾아 바르게 고치시오.

A: Look at those dresses. They are beautiful.
B: Yes, they are. Which one would you like to buy?
A: I'd like to buy the red one. It's more beautiful and cheap than the others.

_____ → _____

Chapter 08

---

to부정사와 동명사

UNIT 01 to부정사의 명사적 용법

GRAMMAR FOCUS

❶ to부정사

to부정사는 「to + 동사원형」의 형태이며, 문장에서 명사, 형용사, 부사의 역할을 한다.

To read books is enjoyable. 책을 **읽는 것은** 즐겁다. 〈명사 역할〉

She needs books **to read**. 그녀는 **읽을** 책이 필요하다. 〈형용사 역할〉

I go to the library **to read** books. 나는 책을 **읽기 위해** 도서관에 간다. 〈부사 역할〉

❷ to부정사의 명사적 용법

(1) 주어 역할: ~하는 것은

주어로 쓰인 to부정사는 보통 가주어 it으로 대신하고 문장 맨 뒤로 보낸다. 이때 가주어 it은 형식상의 주어이므로 '그것'으로 해석하지 않는다.

To learn Arabic *is* not easy. (= **It** is not easy **to learn** Arabic.) 아랍어를 **배우는 것은** 쉽지 않다.

To play tennis *is* fun. (= **It** is fun **to play** tennis.) 테니스를 **치는 것은** 재미있다.

cf. to부정사(구)가 주어 자리에 쓰인 경우 단수 취급한다.

(2) 보어 역할: ~하는 것(이다)

주로 be동사 뒤에 쓰여 주어를 보충 설명한다.

My dream *is* **to be** a astronaut. 나의 꿈은 우주 비행사가 **되는 것이다.**

His goal *is* **to run** a marathon. 그의 목표는 마라톤을 **뛰는 것이다.**

(3) 목적어 역할: ~하는 것을, ~하기를

동사 want, hope, need, promise, expect, plan, decide, learn, fail, agree, love, like 등의 목적어 역할을 한다.

She *promised* **to help** us. 그녀는 우리를 **도울 것을** 약속했다.

I *want* **to travel** abroad. 나는 해외로 **여행하기를** 원한다.

EXERCISE A

밑줄 친 부분을 어법에 맞게 고치시오.

1 Mike's hope is <u>to studied</u> abroad.

2 I need <u>buying</u> some new clothes.

3 My dream is <u>to living</u> by the ocean.

4 It is not easy <u>to had</u> a pet.

5 They planned <u>traveling</u> to Japan.

6 Daniel decided <u>send</u> her a letter.

7 To spend time with friends <u>are</u> fun.

8 It is necessary <u>book</u> a hotel room before your trip.

EXERCISE B

〈보기〉에서 알맞은 말을 골라 to부정사를 사용하여 문장을 완성하시오. (단, 한 번씩만 사용할 것)

| 보기 | eat | finish | get | go | live | play | save | visit |

1 It is fun _____ board games with friends.

2 It is healthy _____ fruits and vegetables daily.

3 We hope _____ on a trip next summer.

4 His wish is _____ a good grade on the test.

5 It is wise _____ money for the future.

6 Her plan is _____ her homework today.

7 My dream is _____ in Hawaii someday.

8 Olivia planned _____ her relatives in New York.

EXERCISE C

우리말과 일치하도록 to부정사를 사용하여 문장을 완성하시오.

1 외국어를 말하는 것은 어렵다.

→ It is difficult _____ a foreign language.

2 우리는 요리를 배우기를 원한다.

→ We want _____ cooking.

3 나는 그들과 함께 소풍 가는 것에 동의했다.

→ I agreed _____ on a picnic with them.

4 그녀는 파티에 오기로 약속했다.

→ She promised _____ to the party.

5 사람들에게 친절한 것은 중요하다.

→ It is important _____ kind to people.

6 나는 그를 여기서 볼 것이라고는 기대하지 않았다.

→ I didn't expect _____ him here.

7 나의 목표는 그 시험에 합격하는 것이다.

→ My goal is _____ the exam.

WRITING FOCUS

A 배열 영작　우리말과 일치하도록 괄호 안의 말을 바르게 배열하시오.

1 단것을 너무 많이 먹는 것은 좋지 않다. (eat, good, not, to, too many sweets)

→ It is _____.

2 제시간에 오는 것은 중요하다. (be, important, to, on time)

→ It is _____.

3 나의 목표는 작가가 되는 것이다. (is, become, goal, to, my)

→ _____ a writer.

4 나는 그 차를 사기로 결정했다. (decided, the, buy, to, car)

→ I _____.

5 그녀의 계획은 전 세계를 여행하는 것이다. (her, travel, plan, to, is)

→ _____ around the world.

6 그는 나와 함께 그곳을 방문하는 것에 동의했다. (he, to, there, agreed, visit)

→ _____ with me.

B 빈칸 완성　우리말과 일치하도록 괄호 안의 말을 이용하여 빈칸에 알맞은 말을 쓰시오.

1 너의 약속을 지키는 것은 중요하다. (keep)

→ _____ is important _____ _____ your promise.

2 그녀는 자신의 친구들을 도우려고 노력한다. (try, help)

→ She _____ _____ _____ her friends.

3 나의 꿈은 변호사가 되는 것이다. (become)

→ My dream _____ _____ _____ a lawyer.

4 우리의 목표는 그 농구 경기에서 이기는 것이다. (win)

→ Our goal _____ _____ _____ the basketball game.

5 Susan은 약간의 돈을 저축하기로 결심했다. (decide, save)

→ Susan _____ _____ _____ some money.

6 우리는 학교에 늦고 싶지 않다. (want, be)

→ We don't _____ _____ _____ late for school.

C 문장 완성 우리말과 일치하도록 괄호 안의 말을 이용하여 문장을 완성하시오. (단, to부정사를 사용할 것)

1 매일 운동하는 것은 필요하다. (necessary, exercise)

→ It _____ every day.

2 나의 꿈은 로봇 공학자가 되는 것이다. (become, a robotics engineer)

→ My dream _____ .

3 그의 소원은 자신의 집을 갖는 것이다. (have, his own house)

→ His wish _____ .

4 나는 여름에 해변에 가는 것을 좋아한다. (like, go to the beach)

→ I _____ in summer.

5 우리는 어제 그 경기에서 이기지 못했다. (fail, win the game)

→ We _____ yesterday.

6 나는 이번 여름에 외국어를 배우기로 결심했다. (decide, learn a foreign language)

→ I _____ this summer.

D 오류 수정 어법상 틀린 부분을 바르게 고쳐 문장을 다시 쓰시오.

1 I planned leaving for Boston next month. (나는 지난달에 보스턴으로 떠날 계획이었다.)

→ _____

2 My wish is become a movie star. (나의 소원은 영화배우가 되는 것이다.)

→ _____

3 It is not easy learn a new sport. (새로운 운동을 배우는 것은 쉽지 않다.)

→ _____

4 I promised bought some flowers for her. (나는 그녀에게 꽃 몇 송이를 사 주기로 약속했다.)

→ _____

5 To watch insects are interesting. (곤충들을 지켜보는 것은 흥미롭다.)

→ _____

6 You need to having breakfast every day. (너는 매일 아침 식사를 해야 한다.)

→ _____

to부정사의 형용사적, 부사적 용법

GRAMMAR FOCUS

1 **to부정사의 형용사적 용법**

형용사처럼 쓰인 to부정사는 앞에 있는 명사나 대명사를 꾸며주며, '~할, ~하는'으로 해석한다.

I have *homework* **to finish**. 나는 **끝내야 할** 숙제가 있다.

Can I get you *something* **to drink**? **마실 것** 좀 가져다 드릴까요?

plus -thing, -body, -one으로 끝나는 대명사를 형용사와 to부정사가 같이 수식하는 경우 「대명사 + 형용사 + to부정사」의 어순으로 쓴다.

He wants *something* **cold to drink**. 그는 **차가운 마실** 것을 원한다.

2 **to부정사의 부사적 용법**

부사처럼 쓰인 to부정사는 목적, 감정의 원인, 결과 등의 의미를 나타낸다.

(1) 목적: ~하기 위해

To pass the exam, she studied hard. 그 시험에 **합격하기 위해** 그녀는 열심히 공부했다.

Tim went to New York **to visit** his family. Tim은 그의 가족을 **방문하기 위해** 뉴욕에 갔다.

(2) 감정의 원인: ~해서

She was happy **to hear** the news. 그녀는 그 소식을 **들어서** 기뻤다.

cf. 감정의 원인을 나타내는 to부정사 앞에 쓰이는 형용사: happy, glad, excited, sad, sorry, surprised 등

(3) 결과: (~해서) …하다

She grew up **to be** a doctor. 그녀는 자라서 의사가 **되었다.**

He lived **to be** 90 years old. 그는 살아서 90살이 **되었다.** (그는 90살까지 살았다.)

괄호 안에서 알맞은 것을 고르시오.

1 I have two days (to think, thinking) about it.

2 Can you give me (something to drink, to drink something)?

3 Erin has a lot of magazines to (read, reading).

4 I have something (important to tell, to tell important) you.

5 She doesn't have (call to anybody, anybody to call).

6 I don't have any friends (to meet, meeting) on weekends.

7 I have (something to discuss, to something discuss) with you.

8 There was nothing (to eat, eating) in the fridge.

9 Is there (anything interesting, interesting anything) to do here?

10 Kelly had no time (go, to go) to the bank.

EXERCISE B

〈보기〉에서 알맞은 말을 골라 to부정사를 사용하여 문장을 완성하시오. (단, 한 번씩만 사용할 것)

| 보기 | ask | be | invite | learn | lose | miss | pick up | see |

1 My sister went to Mexico _____ Spanish.

2 He called _____ me to his birthday party.

3 I was happy _____ Mary at the concert.

4 He grew up _____ a professor.

5 Bob exercises every day _____ weight.

6 He went back home _____ his cellphone.

7 Mike raised his hand _____ a question.

8 Tiffany was sad _____ the opportunity.

EXERCISE C

다음 문장에서 to가 들어갈 곳에 ✔로 표시하시오.

1 그는 나에게 보여 줄 사진을 가지고 있었다.

→ He had a picture show me.

2 너는 지금 할 일이 있니?

→ Do you have something do now?

3 그녀는 맛있는 먹을 것을 만들고 있다.

→ She is making something delicious eat.

4 나의 형은 법을 공부하러 하버드에 갔다.

→ My brother went to Harvard study law.

5 Jane은 그 소식을 듣고 놀랐다.

→ Jane was surprised hear the news.

6 그는 자라서 경찰이 되었다.

→ He grew up be a police officer.

7 나는 너의 크리스마스 카드를 받아서 기뻤다.

→ I was glad get your Christmas card.

WRITING FOCUS

A 배열 영작   우리말과 일치하도록 괄호 안의 말을 바르게 배열하시오.

1 나는 새 전화기를 살 돈이 좀 필요하다. (I, need, a, some, new, to, buy, phone, money)

→ _____

2 이 쇼핑몰은 쇼핑하기에 최고의 장소이다. (this, shop, is, place, to, best, the, mall)

→ _____

3 Nate는 달콤한 먹을 것을 원했다. (Nate, to, wanted something, eat, sweet)

→ _____

4 우리는 점심을 먹으러 그 식당에 갔다. (we, restaurant, have, to, the, went, to, lunch)

→ _____

5 나는 그 소식을 들어서 유감이다. (I, the, am, news, to, sorry, hear)

→ _____

6 Henry는 그 선물을 받고 기뻐했다. (the, Henry, gift, happy, to, was, receive)

→ _____

B 빈칸 완성   우리말과 일치하도록 괄호 안의 말을 이용하여 빈칸에 알맞은 말을 쓰시오.

1 이탈리아는 방문하기에 아름다운 나라이다. (country, visit)

→ Italy is a beautiful _____ _____ _____.

2 나는 입을 만한 좋은 옷이 전혀 없다. (clothes, nice, wear)

→ I don't have any _____ _____ _____ _____.

3 나는 그녀에게 줄 특별한 것이 있다. (special, something, give)

→ I have _____ _____ _____ _____ her.

4 나는 이 병을 열기 위해 병따개가 필요하다. (open, this bottle)

→ I need an opener _____ _____ _____ _____.

5 Mary는 Mike로부터 소식을 들어서 기뻤다. (glad, hear)

→ Mary was _____ _____ _____ from Mike.

6 Kevin은 결국 거짓말쟁이로 밝혀졌다. (be, a liar)

→ Kevin turned out _____ _____ _____ _____.

C 문장 완성 우리말과 일치하도록 괄호 안의 말을 이용하여 문장을 완성하시오.

1 나는 써야 할 보고서가 하나 있다. (a report, write)

→ I have _____.

2 그들은 음식을 살 돈이 조금도 없었다. (any money, buy, food)

→ They didn't have _____.

3 나는 너에게 소개할 특별한 누군가가 있다. (special, someone, introduce)

→ I have _____ to you.

4 그는 대학에 가기 위해 열심히 공부했다. (go to college)

→ He studied hard _____.

5 우리는 그의 사망 소식을 들어서 슬펐다. (sad, hear)

→ We _____ of his death.

6 Amy는 자라서 외교관이 되었다. (be, a diplomat)

→ Amy grew up _____.

D 오류 수정 어법상 틀린 부분을 바르게 고쳐 문장을 다시 쓰시오.

1 I have three things buy today. (나는 오늘 사야 할 것이 세 가지 있다.)

→ _____

2 Amanda has two friends close to play with. (Amanda는 함께 놀 친한 친구가 두 명 있다.)

→ _____

3 Would you like hot something to drink? (따뜻한 마실 것 좀 드릴까요?)

→ _____

4 I called Jennifer for make an appointment. (나는 약속을 잡기 위해 Jennifer에게 전화했다.)

→ _____

5 He was happy to seeing Jessica at the party. (그는 그 파티에서 Jessica를 만나서 기뻤다.)

→ _____

6 She works part time paid her tuition. (그녀는 자신의 학비를 내기 위해 파트타임으로 일한다.)

→ _____

1 동명사

동명사는 「동사원형 + -ing」의 형태이며, '~하는 것, ~하기'로 해석한다. 동명사는 동사처럼 목적어를 취할 수 있으며, 명사처럼 문장에서 주어, 보어, 목적어 역할을 한다.

exercise	운동하다 〈동사〉	→	**exercising**	운동하는 것 〈동명사〉
study math	수학을 **공부하다** 〈동사〉	→	**studying** math	수학을 **공부하는 것** 〈동명사〉

2 동명사의 역할

(1) 주어 역할: ~하는 것은

Making spaghetti *is* easy. 스파게티를 **만드는 것은** 쉽다.

Being honest *is* important. 정직한 **것은** 중요하다.

cf. 동명사(구)가 주어 자리에 쓰인 경우 단수 취급한다.

(2) 보어 역할: ~하는 것(이다)

His job *is* **teaching** math. 그의 직업은 수학을 **가르치는 것이다.**

My hobby *is* **cooking.** 내 취미는 **요리하는 것이다.**

(3) 동사·전치사의 목적어 역할: ~하는 것을, ~하기를

We *enjoy* **swimming.** 우리는 **수영하는 것을** 즐긴다. 〈동사의 목적어〉

Amy is good *at* **speaking** English. Amy는 영어를 **말하는 것을** 잘한다. 〈전치사의 목적어〉

3 동명사 vs. to부정사

(1) 동명사만 목적어로 취하는 동사: enjoy, mind, practice, keep, finish, stop, quit, give up, consider 등

He *finished* **doing** his homework. 그는 자신의 숙제 하는 것을 끝냈다.

I *practiced* **playing** the piano. 나는 피아노 치는 것을 연습했다.

(2) to부정사만 목적어로 취하는 동사: want, hope, need, promise, expect, plan, decide, learn, fail, agree 등

Do I *need* **to take** this medicine? 제가 이 약을 먹어야 하나요?

We *decided* **to stay** at the hotel. 우리는 그 호텔에 머물기로 결정했다.

(3) 동명사와 to부정사를 둘 다 목적어로 취하는 동사: like, love, hate, start, begin, continue 등

I *like* **taking** a walk. (= I *like* **to take** a walk.) 나는 산책하는 것을 좋아한다.

It *started* **raining.** (= It *started* **to rain.**) 비가 오기 시작했다.

EXERCISE A

〈보기〉에서 알맞은 말을 골라 동명사를 사용하여 문장을 완성하시오. (단, 한 번씩만 사용할 것)

보기	eat	learn	swim	travel	treat

1 _____ is good exercise.

2 I finished _____ breakfast at 8 o'clock.

3 She is interested in _____ languages.

4 _____ to new places is exciting.

5 His job is _____ sick animals.

EXERCISE B

우리말과 일치하도록 동명사를 사용하여 문장을 완성하시오.

1 그는 노래 부르는 것을 멈췄다.

→ He stopped _____.

2 Brown 씨는 사무실에서 계속 일했다.

→ Mr. Brown kept _____ in the office.

3 나는 우리를 도와준 것에 대해 그에게 고마워했다.

→ I thanked him for _____ us.

4 좋은 엄마가 되는 것은 어렵다.

→ _____ a good mom is difficult.

5 그녀가 제일 좋아하는 취미는 라디오를 듣는 것이다.

→ Her favorite hobby is _____ to the radio.

EXERCISE C

괄호 안의 말을 알맞은 형태로 바꿔 문장을 완성하시오.

1 My father enjoys _____ golf. (play)

2 Do you want _____ the drama club with me? (join)

3 I finished _____ my room before dinner. (clean)

4 He promised _____ me next summer. (visit)

5 I don't mind _____ the window. (open)

6 She is considering _____ abroad next year. (study)

WRITING FOCUS

A 배열 영작   우리말과 일치하도록 괄호 안의 말을 바르게 배열하시오.

1 비타민을 복용하는 것은 당신에게 좋다. (good, vitamins, for, is, taking, you)

→ _____

2 내 취미는 보드 게임을 하는 것이다. (my, is, board games, hobby, playing)

→ _____

3 Tim은 음악 듣는 것을 즐긴다. (enjoys, music, Tim, listening to)

→ _____

4 나는 그 파티에 가려고 생각 중이다. (I, going, thinking about, am, to the party)

→ _____

5 저를 기다려도 괜찮겠어요? (you, do, waiting, for, mind, me)

→ _____

6 Ann은 나와 이야기하기를 원했다. (me, to, wanted, talk to, Ann)

→ _____

B 빈칸 완성   우리말과 일치하도록 괄호 안의 말을 이용하여 빈칸에 알맞은 말을 쓰시오.

1 소설을 읽는 것은 즐겁다. (read, novels)

→ _____ _____ _____ enjoyable.

2 나의 문제는 학교에 지각하는 것이다. (late)

→ My problem is _____ _____ for school.

3 우리는 이번 주말에 캠핑을 가는 것에 대해 이야기했다. (go camping)

→ We talked about _____ _____ this weekend.

4 Helen은 에세이 쓰는 것을 끝냈다. (finish, write)

→ Helen _____ _____ the essay.

5 그녀는 Brandon을 볼 것이라고는 기대하지 않았다. (expect, see)

→ She didn't _____ _____ _____ Brandon.

6 Tom은 어제 나에게 계속 전화했다. (keep, call)

→ Tom _____ _____ me yesterday.

C 문장 완성   우리말과 일치하도록 괄호 안의 말을 이용하여 문장을 완성하시오. (단, 동명사를 사용할 것)

1 그녀는 몇 시간 동안 운동을 계속했다. (keep, exercise)

→ _____ for hours.

2 나의 형은 운전하는 것을 연습했다. (practice, drive)

→ My brother _____ .

3 Jin은 노력하는 것을 포기했다. (give up, try)

→ Jin _____ .

4 나는 TV 보는 것을 즐기지 않는다. (enjoy, watch TV)

→ I don't _____ .

5 Amy는 우리와 함께 가기를 원했다. (want, come)

→ _____ with us.

6 Brian은 그의 머리를 더 길게 기르기로 결심했다. (decide, grow his hair)

→ _____ longer.

D 오류 수정   밑줄 친 부분을 바르게 고쳐 문장을 다시 쓰시오.

1 Lucy enjoys <u>to dance</u>.

→ _____

2 She is planning <u>going</u> to Italy.

→ _____

3 James kept <u>talked</u> about himself.

→ _____

4 Do you promise <u>keeping</u> a secret?

→ _____

5 I like <u>go</u> to museums.

→ _____

6 Would you mind <u>turn off</u> the TV?

→ _____

ACTUAL TEST

01 빈칸에 들어갈 말로 알맞은 것은?

> _____ volleyball is a lot of fun.

① Play
② Plays
③ Played
④ Playing
⑤ To playing

02 빈칸에 들어갈 말로 알맞지 <u>않은</u> 것은?

> Olivia _____ to study French.

① likes
② plans
③ wants
④ needs
⑤ enjoys

03 우리말을 영어로 바르게 옮긴 것은?

> 그는 읽을 흥미로운 책들을 많이 가지고 있다.

① He has to read many interesting books.
② He has many interesting to read books.
③ He has many interesting books to read.
④ He has many books interesting to read.
⑤ He has books many interesting to read.

04 우리말과 일치하도록 주어진 말을 배열할 때, 네 번째로 오는 단어는?

> 나는 너에게 말할 중요한 것이 있어.
> (to, something, I, important, have, tell, you)

① to
② tell
③ have
④ important
⑤ something

05 〈보기〉의 밑줄 친 부분과 쓰임이 같은 것은?

> 보기   I went to the mall <u>to buy</u> new clothes.

① We hope <u>to see</u> you again.
② The man lived <u>to be</u> 90 years old.
③ He was surprised <u>to hear</u> the news.
④ We went there by bus <u>to save</u> money.
⑤ It is difficult <u>to finish</u> the work on time.

06 밑줄 친 부분의 쓰임이 나머지 넷과 <u>다른</u> 것은?

① <u>Going</u> fishing is boring.
② His job is <u>fixing</u> electronics.
③ I hate <u>cleaning</u> the bathroom.
④ I'm tired of <u>working</u> on weekends.
⑤ The birds are <u>flying</u> over the trees.

07 밑줄 친 부분이 어법상 <u>틀린</u> 것은?

① He quit <u>smoking</u> last year.
② We practiced <u>playing</u> tennis.
③ She finished <u>doing</u> the laundry.
④ I expect <u>to get</u> the package today.
⑤ He failed <u>passing</u> the English course.

08 어법상 올바른 문장의 개수는?

> ⓐ Ski is a popular winter sport.
> ⓑ She wanted telling me something.
> ⓒ It is good to have a pet for children.
> ⓓ I need get up early tomorrow morning.
> ⓔ Cutting down trees destroys the environment.

① 1개
② 2개
③ 3개
④ 4개
⑤ 5개

✎ 서술형

09 주어진 말을 활용하여 문장을 완성하시오.

(1) He was happy _____ the prize. (win)

(2) Kelly is really good at _____. (draw)

(3) We agreed _____ at 10 o'clock. (meet)

10 우리말과 일치하도록 주어진 말을 바르게 배열하시오.

(1) Ann은 사진을 찍기 위해 그녀의 휴대폰을 사용한다.
(Ann, her, take, uses, pictures, to, cellphone)

→ _____

(2) 버스를 타는 것이 그곳에 가는 가장 좋은 방법이다.
(bus, the, way, there, to, is, best, taking, the, get)

→ _____

11 주어진 문장과 의미가 같도록 문장을 바꿔 쓰시오.

(1) To learn a foreign language is not easy.

→ _____ a foreign language is not easy.

(2) She loves reading in the evening.

→ She loves _____ _____ in the evening.

12 주어진 말을 바르게 배열하여 문장을 완성하시오.

check, time, didn't, his, to, have, email

→ James _____.

13 우리말과 일치하도록 주어진 말을 사용하여 문장을 완성하시오.

(1) 패스트푸드를 먹는 것은 건강에 좋지 않다.
(it, healthy, fast food)

→ _____

(2) Emma는 함께 놀 누군가가 필요하다.
(someone, play with)

→ _____

14 어법상 틀린 부분을 찾아 바르게 고치시오.

(1) John promised being quiet in class.
(John은 수업 시간에 조용히 하기로 약속했다.)

_____ → _____

(2) Thank you for help me with my homework.
(내 숙제를 도와줘서 고마워.)

_____ → _____

15 빈칸에 들어갈 말을 〈보기〉에서 골라 알맞은 형태로 쓰시오.

보기	say	ride	wait

(1) I learned _____ a bike last year.

(2) Do you mind _____ here for a few minutes?

(3) Margaret left without _____ goodbye.

16 그림을 보고, 주어진 말을 활용하여 문장을 완성하시오.

(1)

(2)

(1) My brother practiced _____ for the
school talent show. (sing)

(2) Christine was glad _____ her
grandparents. (see)

17 밑줄 친 우리말과 일치하도록 주어진 말을 사용하여 문장을 완성하시오.

> A: (1) 너는 지금 할 일이 있니? (something, do)
> B: (2) 응, 나는 끝낼 일이 좀 있어. (finish, some, work)

(1) Do you have _____
now?

(2) Yes, I have _____.

18 어법상 틀린 문장 2개를 골라 기호를 쓰고, 틀린 부분을 바르게 고치시오.

> ⓐ My favorite exercise is jogging.
> ⓑ She decided to join the dance club.
> ⓒ Is this possible to buy tickets online?
> ⓓ The girls kept talking during the movie.
> ⓔ I started doing yoga improve my health.

(   ) _____ → _____

(   ) _____ → _____

[19-20] 대화를 읽고, 물음에 답하시오.

> A: What are you going to do this summer?
> B: I'm planning to travel to Italy.
> A: That's wonderful! Actually, I went there last summer.
> B: Really? (is, visit, best city, what, to, the) in Italy?
> A: I'd recommend Rome. 로마에는 볼 것들이 많이 있어. I want to go there again.

고난도
19 괄호 안에 주어진 말을 바르게 배열하여 문장을 완성하시오.

→ _____

in Italy?

20 밑줄 친 우리말과 일치하도록 〈조건〉에 맞게 문장을 완성하시오.

> 조건 1. there, see, many, things를 사용할 것
>   2. 6단어를 추가하여 문장을 완성할 것

→ _____

in Rome.

Chapter 09

문장의 구조

보어는 동사만으로 뜻이 불완전한 경우 주어나 목적어를 보충 설명해 주는 말로, 주격보어와 목적격보어가 있다.

① 감각동사 + 형용사

감각을 나타내는 동사 다음에는 주어의 성질이나 상태를 설명해 주는 형용사가 주격보어로 쓰인다.

주어	look, smell, taste, sound, feel	주격보어(형용사)

They **look** *happy*. 그들은 행복하게 **보인다.**
This soap **smells** *good*. 이 비누는 좋은 **냄새가 난다.**
The soup **tastes** *salty*. 그 수프는 짠맛이 **난다.**
Her voice **sounds** *beautiful*. 그녀의 목소리는 아름답게 **들린다.**
My blanket **feels** *soft*. 내 담요는 부드러운 **느낌이 난다.**

> **plus** 감각동사 뒤에 명사가 올 때는 전치사 like(~처럼)를 쓴다.
> She **looks like** *an actress*. 그녀는 여배우**처럼 보인다.**

② 목적격보어가 있는 문장

일부 동사는 목적어 뒤에 목적어의 성질, 상태 등을 설명하는 목적격보어를 필요로 한다. 목적격보어는 동사에 따라 명사, 형용사 등을 쓴다.

주어	make, call, name	목적어	목적격보어(명사)
	make, keep, leave, find		목적격보어(형용사)

His invention **made** him *a rich man*. 그의 발명품은 그를 부자로 **만들었다.**
He **called** me *a genius*. 그는 나를 천재라고 **불렀다.**
The class **made** me *sleepy*. 그 수업은 나를 졸리게 **만들었다.**
She **keeps** the house *clean*. 그녀는 집을 깨끗하게 **유지한다.**
Please **leave** the door *open*. 문을 열어 **두세요.**
We **found** the map very *useful*. 우리는 그 지도가 아주 유용하다고 **생각했다.**

cf. 보어 자리에 부사를 쓰지 않도록 주의한다.
  They **look** *happily*. (×)   She **keeps** the house *cleanly*. (×)

A

다음 문장에서 보어에 밑줄을 그으시오.

1 The girl looks lovely.

2 The trash smells bad.

3 My cat makes me happy.

4 The couple named their son Anthony.

5 These gloves will keep your hands warm.

EXERCISE B

괄호 안에서 알맞은 것을 고르시오.

1 The flowers look (fresh, freshly).

2 The music sounds (nice, nicely).

3 This perfume smells (good, well).

4 My hands feel (cold, coldly).

5 The smoothie (tastes, tastes like) bananas.

6 I call my puppy (Buddy, as Buddy).

7 We made (he, him) the captain of the team.

8 The trip made (them, their) tired.

9 They left the dishes (dirt, dirty).

10 Sarah made the soup too (salt, salty).

11 They keep their garden (beautiful, beautifully).

12 The teacher found the student's answer (correct, correctly).

EXERCISE C

우리말과 일치하도록 〈보기〉에서 알맞은 말을 <u>2개씩</u> 골라 문장을 완성하시오.

보기	called	found	looks	made	tastes
	sad	sweet	helpful	a liar	expensive

1 그 가방은 비싸 보인다.

→ The bag _____ _____.

2 이 차는 설탕 없이도 단맛이 난다.

→ This tea _____ _____ without sugar.

3 그 이야기는 나를 슬프게 만들었다.

→ The story _____ me _____.

4 우리는 그를 거짓말쟁이라고 불렀다.

→ We _____ him _____.

5 나는 그의 조언이 도움이 된다고 생각했다.

→ I _____ his advice _____.

WRITING FOCUS

A 배열 영작 　우리말과 일치하도록 괄호 안의 말을 바르게 배열하시오.

1 이 책들은 재미있어 보인다. (these, interesting, books, look)

→ _____

2 이 닭고기 수프는 좋은 냄새가 난다. (chicken soup, good, this, smells)

→ _____

3 그 시험 결과는 그를 불행하게 만들었다. (the, made, unhappy, test results, him)

→ _____

4 나는 그 정보가 쓸모없다고 생각했다. (I, the, useless, found, information)

→ _____

5 그들은 그녀를 Daisy라고 불렀다. (her, they, Daisy, called)

→ _____

6 그녀는 항상 자신의 방을 깨끗하게 유지한다. (her, clean, she, keeps, always, room)

→ _____

B 빈칸 완성 　우리말과 일치하도록 괄호 안의 말을 이용하여 빈칸에 알맞은 말을 쓰시오.

1 그들은 경기가 끝난 후 갈증을 느꼈다. (thirsty)

→ They _____ _____ after the game.

2 저 구름은 양처럼 보인다. (a sheep)

→ That cloud _____ _____ _____ _____.

3 아이를 혼자 두는 것은 위험하다. (a child, alone)

→ It is dangerous to _____ _____ _____ _____.

4 냉장고는 채소를 신선하게 유지시켜 준다. (vegetables, fresh)

→ A refrigerator _____ _____ _____.

5 우리는 그의 농담이 재미있다고 생각했다. (his jokes, funny)

→ We _____ _____ _____ _____.

6 그들은 그 배를 타이타닉이라고 이름 지었다. (the ship, the Titanic)

→ They _____ _____ _____ _____.

C 문장 완성   우리말과 일치하도록 괄호 안의 말을 이용하여 문장을 완성하시오.

1 그 튀김은 조금 짠맛이 난다. (a little salty)

→ The fries _____.

2 그녀는 나이에 비해 젊어 보인다. (young)

→ She _____ for her age.

3 그의 억양은 이상하게 들린다. (strange)

→ His accent _____.

4 나의 할머니는 나를 공주라고 부르신다. (Princess)

→ My grandma _____.

5 나는 그 주인공이 매력적이라고 생각했다. (the main character, attractive)

→ I found _____.

6 나는 항상 내 방 창문을 열어 둔다. (my room window, open)

→ I always leave _____.

D 오류 수정   어법상 틀린 부분을 바르게 고쳐 문장을 다시 쓰시오.

1 This pineapple jam smells sweetly. (이 파인애플잼은 달콤한 냄새가 난다.)

→ _____

2 This medicine will keep you health. (이 약은 당신을 건강하게 유지시켜 줄 것이다.)

→ _____

3 The news made her sadly. (그 소식은 그녀를 슬프게 만들었다.)

→ _____

4 He found the math problem difficulty. (그는 그 수학 문제가 어렵다고 생각했다.)

→ _____

5 We named the puppy for Tommy. (우리는 그 강아지를 Tommy라고 이름 지었다.)

→ _____

6 Don't leave open the refrigerator. (냉장고를 열어 두지 마라.)

→ _____

1 수여동사 + 간접목적어 + 직접목적어

수여동사는 '~에게 …을 (해)주다'의 의미를 갖는 간접목적어와 직접목적어에 해당하는 두 개의 목적어를 필요로 한다.

주어	give, send, pass, lend, bring, show, write, tell, teach, make, cook, buy, get, ask 등	간접목적어 (~에게)	직접목적어 (…을)

She **gave** *him her phone number*. 그녀는 그에게 자신의 전화번호를 주었다.

My dad **bought** *me a new guitar*. 아빠는 나에게 새 기타를 사 주셨다.

David **told** *them the truth*. David는 그들에게 진실을 말해 주었다.

2 수여동사 + 직접목적어 + 전치사 + 간접목적어

수여동사가 쓰인 문장에서는 간접목적어와 직접목적어의 위치를 바꿔 쓸 수 있다. 이때 간접목적어 앞에는 동사에 따라 전치사 to, for, of를 쓴다.

주어	give, send, pass, lend, bring, show, write, tell, teach 등	직접목적어 (…을)	to	간접목적어 (~에게)
	make, cook, buy, get 등		for	
	ask		of	

We **sent** *toys* **to** *kids* in hospitals. 우리는 병원에 있는 아이들에게 장난감을 보냈다.

Mom **made** *some cookies* **for** *us*. 엄마는 우리에게 쿠키를 만들어 주셨다.

He **asked** *a question* **of** *me*. 그는 나에게 질문 하나를 했다.

EXERCISE A

괄호 안에서 알맞은 것을 고르시오.

1 Jerry gave (the information me, me the information).

2 The waiter brought (us the bill, the bill us).

3 I am going to write (a letter him, him a letter).

4 Don't ask (me any questions, any questions me).

5 He passed (her a tissue, a tissue her).

6 I sent (some books her, her some books).

7 Chris made a nice meal (for, to) us.

8 I will never tell a lie (to, for) you.

9 Can you show the picture (of, to) me?

10 I asked two questions (to, of) him.

EXERCISE B

빈칸에 to, for, of 중 알맞은 전치사를 넣어 대화를 완성하시오.

1 A: Did you send me the package?

　 B: Yes, I sent it _____ you yesterday.

2 A: My boyfriend bought some flowers _____ me.

　 B: Wow. That's so sweet.

3 A: Did you have dinner?

　 B: Yes. Dave cooked fish _____ us.

4 A: Who gave you the birthday card?

　 B: My best friend gave it _____ me.

5 A: This is a secret.

　 B: Of course. I won't tell your secret _____ anybody.

6 A: We are going to buy a nice present _____ the new teacher.

　 B: That's lovely. Can I join?

EXERCISE C

두 문장의 의미가 같도록 빈칸에 알맞은 말을 쓰시오.

1 The patient showed the doctor his leg.

　→ The patient showed his leg _____.

2 You shouldn't tell her your password.

　→ You shouldn't tell your password _____.

3 They asked the singer a lot of questions.

　→ They asked a lot of questions _____.

4 My grandma gave me some money.

　→ My grandma gave some money _____.

5 My mom won't buy me a new game.

　→ My mom won't buy a new game _____.

6 Can you lend me your pen?

　→ Can you lend your pen _____?

WRITING FOCUS

A 배열 영작   우리말과 일치하도록 괄호 안의 말을 바르게 배열하시오.

1 그는 나에게 따뜻한 우유 한 잔을 가져다주었다. (he, a warm glass of milk, me, brought)

➡ _____

2 내 친구는 나에게 그의 자전거를 빌려주었다. (lent, his bicycle, my friend, me)

➡ _____

3 인터넷은 우리에게 많은 정보를 준다. (a lot of, us, the Internet, gives, information)

➡ _____

4 Sam은 아이들에게 영어를 가르친다. (children, English, teaches, Sam, to)

➡ _____

5 내가 너에게 요거트를 좀 만들어 줄게. (for, make, will, you, I, some yogurt)

➡ _____

6 내가 너에게 부탁 하나 해도 될까? (I, you, ask, of, a favor, can)

➡ _____

B 빈칸 완성   우리말과 일치하도록 괄호 안의 말을 이용하여 빈칸에 알맞은 말을 쓰시오.

1 우리에게 새로 나온 스마트폰을 보여 줄 수 있나요? (show, a new smartphone)

➡ Can you _____ _____ _____ _____ _____?

2 (당신에게) 마실 것 좀 드릴까요? (get, something)

➡ Can I _____ _____ _____ to drink?

3 너는 언제든지 내게 문자 보내도 돼. (send, a text message)

➡ You can _____ _____ _____ _____ _____ anytime.

4 Eric은 어제 그의 가족에게 저녁을 요리해 주었다. (cook, dinner)

➡ Eric _____ _____ _____ his family yesterday.

5 Kevin은 중학생들에게 수학을 가르친다. (teach, math)

➡ Kevin _____ _____ _____ middle school students.

6 나는 우리 강아지에게 집을 만들어 주었다. (make, a house)

➡ I _____ _____ _____ my puppy.

C 문장 완성   우리말과 일치하도록 괄호 안의 말을 이용하여 문장을 완성하시오.

1 그는 나에게 내 전화번호를 물어봤다. (ask)

→ He _____ my phone number.

2 김 선생님은 그에게 좋은 조언을 해 주셨다. (give)

→ Mr. Kim _____ good advice.

3 저에게 당신의 신분증을 보여 주실 수 있나요? (show)

→ Can you _____ your ID?

4 나는 내 사촌에게 이 소포를 보낼 것이다. (send, this package)

→ I will _____ my cousin.

5 아빠는 우리에게 프라이드 치킨을 사 주셨다. (buy, some fried chicken)

→ Dad _____ us.

6 내가 너에게 딸기주스를 좀 만들어 줄게. (make, some strawberry juice)

→ I will _____ you.

D 문장 전환   주어진 문장을 〈예시〉와 같이 바꿔 쓰시오.

> **예시**   Jane told me some surprising news.
> → Jane told some surprising news to me.

1 The boy passed me the ball.

→ _____

2 The experience taught him a lesson.

→ _____

3 Can you bring me the remote control?

→ _____

4 I want to buy my sister a birthday cake.

→ _____

5 The chef cooked us a delicious meal.

→ _____

01 빈칸에 공통으로 들어갈 말은?

• The pizza _____ delicious.
• The sunset _____ beautiful.

① feels
② looks
③ tastes
④ smells
⑤ sounds

02 빈칸에 들어갈 말이 순서대로 짝지어진 것은?

• People called the firefighters _____.
• The student found the field trip _____.

① heroes – interesting
② heroes – interestingly
③ as heroes – interesting
④ for heroes – interestingly
⑤ to be heroes – interestingly

03 빈칸에 들어갈 말로 알맞지 <u>않은</u> 것은?

Kimberly _____ a book to me.

① lent
② sent
③ gave
④ bought
⑤ showed

04 〈보기〉와 문장 구조가 같은 것은?

보기   The police officer gave him a ticket.

① The music sounds nice.
② Mary left her locker open.
③ The movie made him a star.
④ Timmy showed me his hamster.
⑤ She teaches math at a middle school.

05 우리말과 일치하도록 주어진 말을 배열할 때, 다섯 번째로 오는 단어는?

Jane은 우리에게 재미있는 이야기를 해 주었다.
(funny, us, told, Jane, a, to, story)

① a
② to
③ us
④ story
⑤ funny

빈출
06 두 문장의 의미가 같도록 할 때, 바르게 바꾼 것은?

① Ally bought me a cap.
→ Ally bought a cap to me.
② The boy told his parents a lie.
→ The boy told a lie to his parents.
③ She passed me the remote control.
→ She passed the remote control for me.
④ Jessica will make us dinner tonight.
→ Jessica will make dinner to us tonight.
⑤ My father wrote me a long letter.
→ My father wrote a long letter of me.

07 밑줄 친 부분이 어법상 틀린 것은?

① Amy looks <u>good</u> today.
② This coffee tastes <u>terrible</u>.
③ Sarah felt <u>lonely</u> yesterday.
④ We found Mark <u>hardworking</u>.
⑤ The helmet will keep you <u>safely</u>.

고난도

08 어법상 올바른 문장의 개수는?

> ⓐ The silk blouse feels softly.
> ⓑ I need to ask a favor to you.
> ⓒ She calls her pet fish Bubble.
> ⓓ The news made everyone sad.
> ⓔ Timmy taught to his dog a trick.

① 1개   ② 2개   ③ 3개
④ 4개   ⑤ 5개

✎ 서술형

09 우리말과 일치하도록 빈칸에 알맞은 말을 쓰시오.

(1) 그 아이들은 행복해 보인다.

→ The children ＿＿＿＿ ＿＿＿＿.

(2) 당신은 나를 Mike라고 불러도 됩니다.

→ You can ＿＿＿＿ ＿＿＿＿ ＿＿＿＿.

10 우리말과 일치하도록 주어진 말을 바르게 배열하시오.

(1) 나는 엄마에게 새 스카프를 사 드릴 계획이다.
(I, buy, my, am, a, to, scarf, planning, new, mom)

→ ＿＿＿＿＿＿＿＿＿＿＿＿＿＿＿

(2) 기술은 우리의 삶을 더 편리하게 만든다.
(lives, makes, easier, our, technology)

→ ＿＿＿＿＿＿＿＿＿＿＿＿＿＿＿

11 주어진 문장과 의미가 같도록 문장을 바꿔 쓰시오.

(1) Anthony showed his parents his report card.

→ Anthony showed his report card ＿＿＿＿＿＿
＿＿＿＿＿＿.

(2) My grandma made me a nice sweater.

→ My grandma made a nice sweater ＿＿＿＿＿
＿＿＿＿＿＿.

[12-13] 우리말과 일치하도록 주어진 말을 활용하여 문장을 완성하시오.

12

> 우리는 그 고양이에게 Lucy라는 이름을 지어 주었다.
> (name, the cat)

→ ＿＿＿＿＿＿＿＿＿＿＿＿＿＿＿＿＿＿

13

> 나는 그가 정직하다고 생각했다. (find, honest)

→ ＿＿＿＿＿＿＿＿＿＿＿＿＿＿＿＿＿＿

14 어법상 틀린 부분을 찾아 바르게 고치시오.

(1) Exercise keeps your body strongly and healthy.

＿＿＿＿＿＿＿＿＿ → ＿＿＿＿＿＿＿＿＿

(2) I gave to John a bar of chocolate.

＿＿＿＿＿＿＿＿＿ → ＿＿＿＿＿＿＿＿＿

15 대화를 읽고, 어법상 틀린 부분을 바르게 고치시오.

> A: This soap ⓐsmells ⓑsweet.
> B: Yes, it ⓒsmells coconut.

(＿＿＿) → ＿＿＿＿＿＿＿＿＿＿＿＿

16 그림을 보고, 각 상자에서 필요한 말을 하나씩 골라 알맞은 형태로 써서 문장을 완성하시오. (단, 한 번씩만 쓸 것)

(1)

(2)

feel	smell
taste	sound

soft	delicious
good	happy

(1) These flowers _____ .

(2) The spaghetti _____ .

17 주어진 말을 활용하여 대화를 완성하시오.

A: You (1) _____ today. Is
   that a new shirt? (look, great)
B: No, my sister (2) _____
   me. (give, this)

18 우리말과 일치하도록 〈조건〉에 맞게 문장을 완성하시오.

그녀는 나에게 차 한 잔을 가져다 주었다.

> 조건 1. bring, a cup of tea를 활용할 것
>   2. (1)은 총 7단어, (2)는 총 8단어로 쓸 것

(1) _____

(2) _____

19 어법상 틀린 문장 2개를 골라 기호를 쓰고, 틀린 부분을
바르게 고치시오.

> ⓐ Her voice sounds lovely.
> ⓑ Tim gave his father the trophy.
> ⓒ Henry bought himself a new suit.
> ⓓ The coach made him a good player.
> ⓔ You should keep your arms straightly.
> ⓕ Emily teaches ballet for young children.

(   ) _____ → _____

(   ) _____ → _____

20 밑줄 친 우리말과 일치하도록 〈조건〉에 맞게 문장을 완성
하시오.

A: What did you do for your sister's
   birthday?
B: 나는 그녀에게 케이크를 만들어 주었어.
A: Oh, that's very nice.

> 조건 1. make, a cake을 활용할 것
>   2. 총 6단어로 쓸 것

→ _____

Chapter 10

文장의 종류

1 명령문

상대방에게 요청하거나 지시하는 문장으로, 주어(You) 없이 동사원형으로 시작한다.

| 긍정 명령문 | ~해라 | **Wash** your hands.
Be careful. | 손을 씻어라.
조심해라. |
| 부정 명령문 | ~하지 마라 | **Don't open** the box.
Don't be stupid. | 그 상자를 열지 마라.
어리석게 굴지 마라. |

plus 공손함을 표현하기 위해 명령문 앞이나 뒤에 please를 붙일 수 있다.

Please close the door. (= Close the door, **please**.) 문 좀 닫아 주세요.

2 Let's ~

상대방에게 어떤 행동을 함께 하자고 제안할 때 쓰는 말로, Let's 뒤에는 동사원형을 쓴다.

| Let's + 동사원형 | ~하자 | **Let's have** dinner now. | 이제 저녁을 먹자. |
| Let's not + 동사원형 | ~하지 말자 | **Let's not watch** the movie. | 그 영화를 보지 말자. |

plus 「Let's + 동사원형」과 비슷한 표현으로는 「How[What] about + 동사원형-ing?」, 「Why don't we + 동사원형?」, 「Shall we + 동사원형?」 등이 있다.

Let's take the subway. 지하철을 **타자**.

= **How[What] about taking** the subway? 지하철을 **타는 게 어때**?

= **Why don't we take** the subway? 지하철을 **타지 않을래**?

= **Shall we take** the subway? 지하철을 **탈까**?

EXERCISE
A

괄호 안에서 알맞은 것을 고르시오.

1 (Sit, Sits) on the chair.

2 (Not, Don't) be sad.

3 Please (open, opens) the window.

4 (Pay, Paying) attention in class.

5 (Let's not, Don't let) go there.

6 (Let, Let's) sing together.

7 (Be, Do) polite to your teachers.

8 (Not, Don't) make any noise.

9 Why don't we (play, to playing) basketball?

10 How about (to come, coming) to my house?

EXERCISE B

긍정문은 부정문으로, 부정문은 긍정문으로 바꿔 쓰시오.

1 Turn off the lights.

→ _____

2 Don't be patient.

→ _____

3 Don't look at me.

→ _____

4 Let's wait for him.

→ _____

5 Be afraid.

→ _____

6 Call me in the morning.

→ _____

EXERCISE C

〈보기〉에서 알맞은 말을 골라 문장을 완성하시오. (단, 한 번씩만 쓸 것)

보기	answer	be	plan	close	order
	forget	go	going	listen	make

1 _____ the window. It's cold in here.

2 I'm hungry. Let's _____ some pizza.

3 It's a beautiful day. How about _____ to the beach?

4 _____ careful. The floor is very slippery.

5 Don't _____ your homework. It's due tomorrow.

6 The phone is ringing. Please _____ the phone.

7 _____ carefully. I have something important to tell you.

8 I'm tired. Let's not _____ to the park.

9 It's snowing! Why don't we _____ a snowman?

10 Tomorrow is Mom's birthday. Let's _____ a surprise party.

WRITING FOCUS

A 배열 영작   우리말과 일치하도록 괄호 안의 말을 바르게 배열하시오.

1 네 우산을 가져가라. (umbrella, take, your)

→ _____

2 밤에 충분한 수면을 취해라. (sleep, at, enough, get, night)

→ _____

3 그것에 대해 걱정하지 마라. (worry, it, don't, about)

→ _____

4 놀라지 마라. (be, surprised, don't)

→ _____

5 영화 보러 가자. (to, let's, movies, go, the)

→ _____

6 여기서 수영하지 말자. (here, let's, swim, not)

→ _____

B 빈칸 완성   우리말과 일치하도록 괄호 안의 말을 이용하여 빈칸에 알맞은 말을 쓰시오.

1 여러분 책의 33쪽을 펴세요. (open)

→ _____ your books to page 33.

2 다른 사람들에게 친절해라. (kind)

→ _____ _____ to others.

3 제게 운전면허증을 보여 주십시오. (please, show)

→ _____ _____ me your driver's license.

4 너무 늦게까지 깨어 있지 마라. (stay up)

→ _____ _____ _____ too late.

5 6시에 저녁 먹으러 만나자. (meet)

→ _____ _____ for dinner at 6 o'clock.

6 지금은 그것에 대해 이야기하지 말자. (talk)

→ _____ _____ _____ about it now.

C 문장 완성 우리말과 일치하도록 괄호 안의 말을 이용하여 문장을 완성하시오.

1 여행을 위해 너의 짐을 싸라. (pack, bags, for the trip)

➡ _____

2 자신감을 가져라. (confident)

➡ _____

3 그 수업에 늦지 마라. (late for, the class)

➡ _____

4 그 꽃들을 꺾지 마라. (pick up, the flowers)

➡ _____

5 산책하러 가자. (go for a walk)

➡ _____

6 더 이상 시간을 낭비하지 말자. (waste, any more time)

➡ _____

D 오류 수정 어법상 틀린 부분을 바르게 고쳐 문장을 다시 쓰시오.

1 Looking out the window. (창밖을 봐라.)

➡ _____

2 Please quiet. (조용히 해 주세요.)

➡ _____

3 Not touch the painting. (그 그림을 만지지 마라.)

➡ _____

4 Don't scared. (무서워하지 마라.)

➡ _____

5 Let's trying our best. (최선을 다하자.)

➡ _____

6 Don't let's buy the car. (그 차를 사지 말자.)

➡ _____

UNIT 02 감탄문

① What으로 시작하는 감탄문

감탄문은 '정말 ~하구나!'라고 자신의 감정, 느낌을 강하게 표현하는 문장이다. what이나 how로 시작하고 문장 끝에는 느낌표(!)를 붙인다. what으로 시작하는 감탄문은 what 뒤에 명사구가 온다.

What	a/an	형용사	명사	주어 + 동사!	
What	a	great	person	he is!	그는 정말 훌륭한 사람이구나!
	an	interesting	idea	you had!	너는 정말 흥미로운 생각을 했구나!
	–	nice	pictures	they are!	그것들은 정말 멋진 사진이구나!
		beautiful	weather	it is!	정말 아름다운 날씨구나!

cf. what으로 시작하는 감탄문에서 복수 명사와 셀 수 없는 명사 앞에는 a/an을 쓰지 않는다.

What **a nice pictures** they are! (×)　　　What **a beautiful weather** it is! (×)

② How로 시작하는 감탄문

how 뒤에 형용사나 부사가 오고 이어서 「주어 + 동사」가 온다.

How	형용사/부사	주어 + 동사!	
How	lovely	she is!	그녀는 정말 사랑스럽구나!
	fast	he runs!	그는 정말 빨리 달리는구나!

plus 감탄문 끝에 오는 「주어 + 동사」는 생략되는 경우가 많다.

What a delicious meal (this is)! (이것은) 정말 맛있는 식사구나!

How amazing (they are)! (그들은) 정말 놀랍구나!

EXERCISE A 괄호 안에서 알맞은 것을 고르시오.

1 (What, How) a clever boy!

2 (What, How) surprising!

3 (What, How) pretty shoes they are!

4 (What, How) huge the stone is!

5 (What, How) an expensive car he drives!

6 (What, How) well she dances!

7 What a kind lady (she is, is she)!

8 How (funny the movie is, the movie is funny)!

9 What (nice a present, a nice present)!

10 How (exciting the game, the exciting game) is!

EXERCISE
B

다음 문장을 주어진 말로 시작하는 감탄문으로 바꿔 쓰시오.

1 This shopping bag is very heavy.

→ How _____!

2 It is a very good question.

→ What _____!

3 You play the guitar very well.

→ How _____!

4 They are nice people.

→ What _____!

5 She has long hair.

→ What _____!

6 The post office is very far from here.

→ How _____ from here!

EXERCISE
C

괄호 안의 말과 what 또는 how를 써서 감탄문을 완성하시오.

1 _____ the cat is! (lazy)

2 _____ he finished his homework! (quickly)

3 _____ they have! (great ideas)

4 _____ they are! (talented musicians)

5 _____ the Christmas tree is! (beautiful)

6 _____ we had! (terrible weather)

7 _____ you cooked! (delicious food)

8 _____ he is! (a cute baby)

9 _____ the class is! (boring)

10 _____ he swims! (well)

11 _____ you received! (excellent grades)

12 _____ the train goes! (fast)

WRITING FOCUS

A 배열 영작   우리말과 일치하도록 괄호 안의 말을 바르게 배열하시오.

1 그것은 정말 흥미로운 책이구나! (interesting, it, an, what, is, book)

➡ _____

2 너는 정말 훌륭한 일을 했구나! (what, great, you, job, a, did)

➡ _____

3 그 도시는 정말 아름답구나! (beautiful, how, the, is, city)

➡ _____

4 그는 정말 열심히 일하는구나! (he, hard, how, works)

➡ _____

5 그 시계는 정말 비싸구나! (expensive, watch, how, the, is)

➡ _____

6 그것들은 정말 귀여운 강아지구나! (cute, what, they, puppies, are)

➡ _____

B 빈칸 완성   우리말과 일치하도록 괄호 안의 말을 이용하여 빈칸에 알맞은 말을 쓰시오.

1 그 문제는 정말 어렵구나! (difficult)

➡ _____ _____ the problem is!

2 그것은 정말 놀라운 이야기구나! (amazing, story)

➡ _____ _____ _____ _____ it is!

3 그녀는 정말 아름다운 눈을 가졌구나! (beautiful, eyes)

➡ _____ _____ _____ she has!

4 그것은 정말 높은 건물이구나! (tall, building)

➡ _____ _____ _____ _____ it is!

5 Victor는 정말 잘생겼구나! (handsome)

➡ _____ _____ Victor is!

6 그들은 정말 피곤해 보이는구나! (tired)

➡ _____ _____ they look!

C 문장 완성   괄호 안의 말을 이용하여 감탄문을 완성하시오. (주어, 동사를 생략하지 말 것)

1 그것은 정말 좋은 차구나! (what, nice, car)

➡ _____

2 그녀는 정말 훌륭한 선생님이시구나! (what, great, teacher)

➡ _____

3 그 반지는 정말 아름답구나! (how, beautiful, ring)

➡ _____

4 네 방은 정말 깨끗하구나! (how, clean, your room)

➡ _____

5 그들은 정말 용감한 소녀들이구나! (what, brave, girls)

➡ _____

6 너는 영어를 정말 유창하게 말하는구나! (how, speak, English, fluently)

➡ _____

D 오류 수정   밑줄 친 부분을 바르게 고쳐 문장을 다시 쓰시오.

1 <u>What</u> bright the moon is! (달이 정말 밝구나!)

➡ _____

2 <u>How</u> a lovely smile she has! (그녀는 정말 사랑스러운 미소를 가졌구나!)

➡ _____

3 How generous <u>are you</u>! (너는 정말 너그럽구나!)

➡ _____

4 What <u>a kind people</u> they are! (그들은 정말 친절한 사람들이구나!)

➡ _____

5 What <u>a good news</u> it is! (그것은 정말 좋은 소식이구나!)

➡ _____

6 How <u>she sings beautifully</u>! (그녀는 정말 아름답게 노래하는구나!)

➡ _____

GRAMMAR FOCUS

1 부가의문문

상대방에게 말한 내용을 확인하거나 동의를 구하기 위해 평서문 뒤에 「동사 + 주어」 형태로 덧붙이는 의문문으로, '그렇지?' 또는 '그렇지 않니?'라고 해석한다. 부가의문문 만드는 방법은 다음과 같다.

형태	긍정문 뒤 → 부정, 부정문 뒤 → 긍정
동사	be동사/조동사 → 그대로 사용, 일반동사 → do/does/did 사용
주어	인칭대명사로 바꾸기

(1) 긍정문 뒤에 오는 부가의문문

Your brother is tall, **isn't he?** 네 형은 키가 커, 그렇지 않니?

You will come to my party, **won't you?** 너는 내 파티에 올 거지, 그렇지 않니?

They play football on Saturdays, **don't they?** 그들은 토요일마다 축구를 해, 그렇지 않니?

> **plus** 'I am ∼'으로 시작하는 문장의 부가의문문은 '∼, aren't I?'를 쓴다.
>
> I am taller than you, **aren't I?** 내가 너보다 키가 더 커, 그렇지 않니?

(2) 부정문 뒤에 오는 부가의문문

These aren't your shoes, **are they?** 이것은 네 신발이 아니야, 그렇지?

Grace can't swim, **can she?** Grace는 수영을 못해, 그렇지?

The man didn't look happy, **did he?** 그 남자는 행복해 보이지 않았어, 그렇지?

2 부가의문문의 대답

부가의문문의 대답은 질문에 상관 없이 대답하는 내용이 긍정이면 yes, 부정이면 no로 답한다.

A: You are a student, **aren't you?** 너는 학생이지, 그렇지 않니?

B: **Yes, I am.** 응, 맞아. (= I am a student.) / **No, I'm not.** 아니, 그렇지 않아. (= I'm not a student.)

A: Sally doesn't like fish, **does she?** Sally는 생선을 좋아하지 않아, 그렇지?

B: **Yes, she does.** 응, 맞아. (= She likes fish.) / **No, she doesn't.** 아니, 그렇지 않아. (= She doesn't like fish.)

EXERCISE

A   괄호 안에서 알맞은 것을 고르시오.

1 This is not your backpack, isn't (it, this)?

2 Peter isn't watching TV, (is, isn't) he?

3 They will arrive soon, (don't, won't) they?

4 The dog doesn't bite, (does, doesn't) it?

5 You are having a great time, (aren't, don't) you?

6 Mike didn't go to work yesterday, (was, did) he?

EXERCISE

B

빈칸에 알맞은 부가의문문을 써서 문장을 완성하시오.

1 He is an only child, _____ _____?

2 They were not at home, _____ _____?

3 She likes Thai food, _____ _____?

4 You don't eat cheese, _____ _____?

5 Those pencils are Mary's, _____ _____?

6 The movie was great, _____ _____?

7 You will go to the bank later, _____ _____?

8 Your mom is a teacher, _____ _____?

9 We can't solve this puzzle, _____ _____?

10 Jack and Jill are studying, _____ _____?

11 You didn't do your homework, _____ _____?

12 The show finished at 7:00 p.m., _____ _____?

EXERCISE

C

빈칸에 알맞은 말을 써서 대화를 완성하시오.

1 A: It is raining now, _____ _____?

B: Yes, _____ _____.

2 A: You are angry with me, _____ _____?

B: No, _____ _____.

3 A: We are going there by bus, _____ _____?

B: Yes, _____ _____.

4 A: Eric went to the library, _____ _____?

B: No, _____ _____. He is in his room.

5 A: They can come to the meeting, _____ _____?

B: Yes, _____ _____.

6 A: You won't be late again, _____ _____?

B: No, _____ _____. I'm sorry.

WRITING FOCUS

A 배열 영작   우리말과 일치하도록 괄호 안의 말을 바르게 배열하시오.

1   Wendy는 책을 많이 읽어, 그렇지 않니? (she, reads, doesn't, a lot of, Wendy, books)

→ _____

2   Sam과 Emily는 사귀고 있어, 그렇지 않니? (they, are, dating, Sam and Emily, aren't)

→ _____

3   이것은 너의 교과서가 아니야, 그렇지? (isn't, your textbook, is, this, it)

→ _____

4   너는 김 선생님을 알지, 그렇지 않니? (you, know, you, Mr. Kim, don't)

→ _____

5   그는 영화를 보러 가지 않을 거야, 그렇지? (he, going to, isn't, he, is, the movies)

→ _____

6   우리는 주문을 취소할 수 없어, 그렇지? (cancel, we, can't, can, our order, we)

→ _____

B 빈칸 완성   우리말과 일치하도록 빈칸에 알맞은 말을 쓰시오.

1   내가 늦었어, 그렇지 않니?

→ I am late, _____ _____?

2   오늘은 수요일이야, 그렇지 않니?

→ Today is Wednesday, _____ _____?

3   Pam과 Andrew는 결혼식에 갈 거지, 그렇지 않니?

→ Pam and Andrew will go to the wedding, _____ _____?

4   너는 쓰레기를 버리지 않았어, 그렇지?

→ You didn't take out the garbage, _____ _____?

5   그녀는 운전을 못해, 그렇지?

→ She can't drive, _____ _____?

6   Jackson 선생님이 네 영어 선생님이시지, 그렇지 않니?

→ Mr. Jackson is your English teacher, _____ _____?

C 문장 완성 우리말과 일치하도록 괄호 안의 말을 이용하여 문장을 완성하시오. (부정문은 줄임말을 쓸 것)

1 너는 네 약속을 지킬 거야, 그렇지 않니? (will, keep one's promise)

→ You _____, _____?

2 그것은 비싼 운동화구나, 그렇지 않니? (expensive sneakers)

→ They _____, _____?

3 그녀는 고양이를 좋아하지 않아, 그렇지? (like, cats)

→ She _____, _____?

4 우리는 제일 친한 친구잖아, 그렇지 않니? (best friends)

→ We _____, _____?

5 네 생일은 10월이야, 그렇지 않니? (in October)

→ Your birthday _____, _____?

6 Bob은 그 콘서트를 즐기지 않았어, 그렇지? (enjoy, the concert)

→ Bob _____, _____?

D 오류 수정 밑줄 친 부분을 바르게 고쳐 문장을 다시 쓰시오.

1 You live in San Francisco, <u>do you</u>?

→ _____

2 This is your wallet, <u>isn't this</u>?

→ _____

3 They are your sisters, <u>are they</u>?

→ _____

4 We are not late, <u>don't we</u>?

→ _____

5 Your brother can play the guitar, <u>can't you</u>?

→ _____

6 Paul and Rachel didn't have lunch, <u>didn't they</u>?

→ _____

[01–03] 빈칸에 들어갈 말로 알맞은 것을 고르시오.

01

_____ in the dark. It's bad for your eyes.

① Study
② Study not
③ Not study
④ Don't study
⑤ Be not study

02

A: Sue is in the hospital. _____ visit her tomorrow.
B: That's a great idea.

① Be
② Let's
③ Don't
④ How about
⑤ Why don't we

03

Your father is a dentist, _____?

① is he
② isn't he
③ are you
④ aren't you
⑤ doesn't he

04 빈칸에 들어갈 말이 나머지 넷과 <u>다른</u> 것은?

① _____ a great idea!
② _____ good news it is!
③ _____ beautiful paintings!
④ _____ delicious this cake is!
⑤ _____ noisy children they are!

05 주어진 문장과 의미가 같은 것은?

Let's walk to the next bus stop.

① We have to walk to the next bus stop.
② Why do you walk to the next bus stop?
③ How did you walk to the next bus stop?
④ How about walking to the next bus stop?
⑤ Why don't you walk to the next bus stop?

06 우리말을 영어로 바르게 옮긴 것은?

정말 완벽한 날씨구나!

① What perfect weather is!
② How perfect weather is it!
③ How perfect weather it is!
④ What perfect weather is it!
⑤ What perfect weather it is!

07 다음 중 대화가 자연스럽지 <u>않은</u> 것은?

① A: Stop making noise.
　 B: Sorry. I will stay quiet.
② A: Don't be nervous.
　 B: Thanks. I will try.
③ A: Let's watch a movie tonight.
　 B: Sure. I'd love to join you.
④ A: They are your friends, aren't they?
　 B: Yes, they are.
⑤ A: You didn't finish your homework, did you?
　 B: No, I did.

고난도

08 어법상 올바른 문장의 개수는?

> ⓐ Takes your shoes off.
> ⓑ Don't be lie to your parents.
> ⓒ Let's not check our phones in class.
> ⓓ What difficult the question is!
> ⓔ Peter went hiking, didn't he?

① 1개   ② 2개   ③ 3개
④ 4개   ⑤ 5개

✏ **서술형**

09 우리말과 일치하도록 주어진 말을 바르게 배열하시오.

(1) 극장 안에서는 당신의 휴대폰을 사용하지 마세요.

(theater, use, the, your, don't, in, cellphone)

→ _____

(2) 10분만 쉬자.

(take, for, let's, a, 10 minutes, break)

→ _____

10 주어진 문장을 감탄문으로 바꿔 쓰시오.

(1) It was a very exciting game.

→ What _____!

(2) The stars are very bright.

→ How _____!

11 빈칸에 알맞은 부가의문문을 쓰시오.

(1) It rained last night, _____ _____?

(2) These are your keys, _____ _____?

(3) Your brother can't drive, _____ _____?

---

12 어법상 **틀린** 부분을 찾아 바르게 고치시오.

(1) Be not late for the meeting.
(그 회의에 늦지 마라.)

_____ → _____

(2) Don't fight with your brother. Please nice to him. (네 남동생과 싸우지 마라. 그에게 잘 대해 줘라.)

_____ → _____

13 주어진 문장을 감탄문으로 바꿔 쓸 때 어법상 **틀린** 부분을 찾아 바르게 고치시오.

> They are very delicious cookies.
> → How delicious cookies they are!

_____ → _____

14 〈보기〉에서 알맞은 말을 골라 학교에서 지켜야 할 규칙을 명령문으로 완성하시오.

보기	arrive	rude	talk

(1) _____ on time.

(2) _____ _____ during class.

(3) _____ _____ _____ to your teachers.

15 빈칸에 알맞은 부가의문문과 대답을 써서 대화를 완성하시오.

> A: You enjoy chess, (1) _____ _____?
> B: No, (2) _____ _____. I enjoy *baduk*.

16 그림을 보고, 빈칸에 알맞은 부가의문문과 대답을 써서 대화를 완성하시오.

A: The weather isn't very nice, (1) _____ _____?

B: (2) _____, _____ _____.

17 〈보기〉에서 필요한 단어들만 골라 대화를 완성하시오.

보기	Let's	How about
	Let's not	Why don't we

(1) A: _____ drink something.

　　 B: No, thanks. I'm not thirsty.

(2) A: Where should we go this weekend?

　　 B: _____ visiting the museum downtown?

18 어법상 틀린 문장 2개를 골라 기호를 쓰고, 틀린 부분을 바르게 고치시오.

ⓐ Don't walk on the grass.
ⓑ Let's not stay in the sun too long.
ⓒ What interesting the story is!
ⓓ John and Alice had dinner, were they?
ⓔ We should do the laundry today, shouldn't we?

(　　) _____ → _____

(　　) _____ → _____

[19-20] 대화를 읽고, 물음에 답하시오.

A: We will have a long weekend next week. What would you like to do?
B: How about ⓐgoing on a trip to the beach?
A: (A) That's a really great idea! You can drive, ⓑcan you?
B: No, ⓒI can't. But we can take a bus instead.
A: That's good! ⓓLet's do it.

고난도

19 어법상 틀린 것을 찾아 기호를 쓰고 바르게 고치시오.

(　　) → _____

20 밑줄 친 (A)를 〈조건〉에 맞게 바꿔 쓰시오.

조건　1. what을 사용한 감탄문으로 쓸 것
　　　2. 총 6단어로 쓸 것

→ _____

Chapter 11

전치사와 접속사

GRAMMAR FOCUS

① in, on, at

in	비교적 긴 시간	**in** 2002 **in** summer	**in** October **in** the morning
on	요일, 특정일	**on** April 21 **on** Christmas Eve	**on** Sunday **on** Sunday morning
at	특정 시간, 시점	**at** 3 o'clock **at** night	**at** 10:10 **at** noon/midnight

I saw Jane **in** the morning. 나는 아침에 Jane을 보았다.

They exchange gifts **on** Christmas Eve. 그들은 크리스마스이브에 선물을 주고받는다.

The movie starts **at** 10:10. 그 영화는 10시 10분에 시작한다.

② before, after, for, during

before	~ 전에	**before** bed	**before** the exam
after	~ 후에	**after** 9 o'clock	**after** school
for + 기간	~ 동안	**for** three hours	**for** a long time
during + 명사	~ 동안, ~ 중에	**during** class	**during** the trip

He reviewed his notes **before** the exam. 그는 시험 전에 자신의 노트를 복습했다.

I will meet Tim **after** school. 나는 방과 후에 Tim을 만날 것이다.

She read a book **for** three hours. 그녀는 세 시간 동안 책을 읽었다.

My cellphone rang **during** class. 내 휴대폰이 수업 중에 울렸다.

EXERCISE A

우리말과 일치하도록 빈칸에 알맞은 전치사를 쓰시오.

1 12시에 _____ 12 o'clock

2 아침에 _____ the morning

3 수업 중에 _____ class

4 금요일에 _____ Friday

5 2020년에 _____ 2020

6 1980년대에 _____ the 1980s

7 정오에 _____ noon

8 밤에 _____ night

9 겨울에 _____ winter

10 8시 15분에 _____ 8:15

11 2년 동안 _____ two years

12 방학 동안 _____ vacation

13 8월 8일에 _____ August 8

14 자정에 _____ midnight

15 식후에 _____ meals

16 해질녘에 _____ sunset

17 자기 전에 _____ bed

18 내 생일에 _____ my birthday

EXERCISE B

밑줄 친 부분을 어법에 맞게 고치시오.

1 Everything is beautiful <u>at</u> spring.

2 He will come back <u>on</u> November.

3 She left for Busan <u>in</u> February 18.

4 I have a doctor's appointment <u>at</u> Tuesday.

5 I usually wake up <u>in</u> 7 o'clock in the morning.

6 The storm happened <u>for</u> the night.

7 Rick took a bath <u>during</u> 30 minutes.

8 I visited my grandparents <u>in</u> New Year's Day.

9 Anthony was born <u>at</u> 1999.

10 They arrived home <u>in</u> midnight.

11 The traffic is usually heavy <u>in</u> Monday morning.

12 Luckily, he completed the project <u>after</u> the deadline.

EXERCISE C

〈보기〉에서 알맞은 말을 골라 문장을 완성하시오. (중복 사용 가능)

보기	in	on	at	before	after	for	during

1 The church bell rings _____ noon every day.

2 Oliver hurt his back _____ the basketball game.

3 Tony exercises _____ an hour every day.

4 Can we have dinner _____ Friday?

5 We must arrive _____ the concert.

6 The bus leaves _____ 9 o'clock sharp.

7 What do you usually do _____ the afternoon?

8 There was a rainbow _____ the rain.

9 My birthday is _____ September.

10 Did you have a good time _____ your birthday?

WRITING FOCUS

A 배열 영작   우리말과 일치하도록 괄호 안의 말을 바르게 배열하시오.

1 이 약을 식후에 드세요. (medicine, meals, take, after, this)

➡ _____

2 나는 겨울 방학 동안 프랑스에 가고 싶다. (I, go to, during, want to, France, winter vacation)

➡ _____

3 나는 영화 시작 전에 내 휴대폰을 껐다. (I, the movie, my cellphone, before, turned off)

➡ _____

4 그들은 2년 동안 세계를 여행했다. (the world, two years, they, for, traveled)

➡ _____

5 그 요가 수업은 정오에 시작한다. (the yoga lesson, noon, starts, at)

➡ _____

6 우리는 저녁에 우리 개를 산책시킨다. (our dog, we, in, walk, the evening)

➡ _____

B 빈칸 완성   우리말과 일치하도록 괄호 안의 말을 이용하여 빈칸에 알맞은 말을 쓰시오.

1 Henry는 2010년에 고등학교를 졸업했다. (2010)

➡ Henry graduated from high school _____ _____ .

2 우리 엄마와 아빠는 크리스마스 날에 처음 만났다. (Christmas Day)

➡ My mom and dad first met _____ _____ _____ .

3 그 미술관은 10시 30분에 문을 여나요? (10:30)

➡ Does the art museum open _____ _____ ?

4 내 여동생은 한 시간 동안 울었다. (an hour)

➡ My sister cried _____ _____ _____ .

5 Green 씨는 월요일에 그의 사무실에 없었다. (Monday)

➡ Mr. Green was not in his office _____ _____ .

6 그는 공연 중에 잠들었다. (the show)

➡ He fell asleep _____ _____ _____ .

C 문장 완성　우리말과 일치하도록 괄호 안의 말을 이용하여 문장을 완성하시오. (부정문은 줄임말을 쓸 것)

1 그들은 추수 감사절에 칠면조를 먹는다. (turkey, Thanksgiving Day)

→ They _____ .

2 너는 매 식사 후에 이를 닦아야 한다. (brush one's teeth, every meal)

→ You should _____ .

3 Jane은 두 시간 동안 수학을 공부했다. (math, two hours)

→ Jane _____ .

4 Turner 씨는 1961년에 태어났다. (born, 1961)

→ Mr. Turner _____ .

5 나의 삼촌은 여름에 낚시를 즐긴다. (enjoy fishing, summer)

→ My uncle _____ .

6 나는 여름 방학 동안 책 열 권을 읽었다. (ten books, summer vacation)

→ I _____ .

D 오류 수정　어법상 틀린 부분을 바르게 고쳐 문장을 다시 쓰시오.

1 I will see you on 1 o'clock in the afternoon. (나는 오후 1시에 너를 만날 거야.)

→ _____

2 My family will go to Europe for February. (우리 가족은 2월에 유럽에 갈 것이다.)

→ _____

3 What did you do at 2020? (너는 2020년도에 무엇을 했니?)

→ _____

4 We laughed a lot at the play. (우리는 그 연극 공연 중에 많이 웃었다.)

→ _____

5 Bill took a nap during three hours. (Bill은 세 시간 동안 낮잠을 잤다.)

→ _____

6 She went to bed in midnight. (그녀는 자정에 잠자리에 들었다.)

→ _____

UNIT 02 장소의 전치사

① in, on, at

in	넓은 공간, 실내	**in** Canada **in** the sky	**in** Seoul **in** the room/kitchen/building
on	(표면 접촉) ~ 위에	**on** the table **on** the wall	**on** the floor **on** the ceiling
at	특정 장소, 지점	**at** home **at** the party	**at** the door **at** the bus stop/station/airport

Does she live **in** Sydney? 그녀는 시드니에 사니?

He put the keys **on** the table. 그는 열쇠를 탁자 위에 두었다.

William is **at** the station now. William은 지금 역에 있다.

② over, under, in front of, behind, next to, between

over	(떨어져서) ~ 위에	**over** the river	**over** the mountain
under	~ 아래에	**under** the desk	**under** the bridge
in front of	~ 앞에	**in front of** the TV	**in front of** the house
behind	~ 뒤에	**behind** the car	**behind** the door
next to	~ 옆에	**next to** me	**next to** the bench
between	~ 사이에	**between** the bank **and** the post office **between** the two building**s**	

There is a dog **under** the chair. 의자 아래에 개 한 마리가 있다.

He is standing **in front of** the statue. 그는 조각상 앞에 서 있다.

The school is **between** the park **and** the bookstore. 학교는 공원과 서점 사이에 있다.

EXERCISE A

우리말과 일치하도록 빈칸에 알맞은 전치사를 쓰시오.

1 책상 위에 _____ the desk

2 뉴욕에 _____ New York

3 입구에 _____ the entrance

4 내 방에 _____ my room

5 병 안에 _____ the bottle

6 천장에 _____ the ceiling

7 29쪽에 _____ page 29

8 내 앞에 _____ me

9 나무 뒤에 _____ the tree

10 회의에서 _____ the meeting

11 바다 위에 _____ the sea

12 커튼 뒤에 _____ the curtain

13 의자 아래에 _____ the chair

14 두 집 사이에 _____ two houses

B 밑줄 친 부분을 어법에 맞게 고치시오.

1 I put the strawberries <u>on</u> the fridge.

2 Don't sit <u>in</u> the bench. It's wet.

3 My father works <u>at</u> Vietnam.

4 There are many stars <u>on</u> the sky.

5 I met some people <u>in</u> the party.

6 Please stand <u>in</u> the red carpet.

7 Mr. Brown arrived <u>on</u> the airport.

8 There is a parrot <u>at</u> the cage.

9 There is someone <u>on</u> the front door.

10 Irene's apartment is <u>in</u> the fifth floor.

C 우리말과 일치하도록 〈보기〉에서 알맞은 말을 골라 문장을 완성하시오.

보기   over   under   in front of   behind   next to   between

1 그 소년은 침대 아래에 숨었다.
→ The boy hid _____ the bed.

2 그 공은 지붕 위로 날아갔다.
→ The ball flew _____ the roof.

3 호텔 앞에 버스 정류장이 있다.
→ There is a bus stop _____ the hotel.

4 내 방은 주방 옆에 있다.
→ My room is _____ the kitchen.

5 태양이 구름 뒤에서 빛나고 있다.
→ The sun is shining _____ the clouds.

6 그 소녀는 그녀의 부모님 사이에 앉아 있다.
→ The girl is sitting _____ her parents.

WRITING FOCUS

A 배열 영작   우리말과 일치하도록 괄호 안의 말을 바르게 배열하시오.

1 벽에 그림이 두 점 있다. (two, the wall, pictures, there, on, are)

→ _____

2 우리는 에펠 탑 앞에서 사진을 찍었다. (we, a picture, front, took, of, in, the Eiffel Tower)

→ _____

3 나는 침대 밑에서 너의 공책을 찾았다. (the bed, I, your notebook, found, under)

→ _____

4 Andy는 필통에 그 연필들을 넣었다. (put, Andy, in, the pencils, the pencil case)

→ _____

5 Betty는 공항에서 그녀의 짐을 잃어버렸다. (lost, at, her luggage, Betty, the airport)

→ _____

6 라인강은 프랑스와 독일 사이를 흐른다. (the Rhine, and, France, between, Germany, runs)

→ _____

B 빈칸 완성   우리말과 일치하도록 괄호 안의 말을 이용하여 빈칸에 알맞은 말을 쓰시오.

1 나는 책상 위에 메모를 남겨 두었다. (the desk)

→ I left a memo _____ _____ _____.

2 그 점원은 계산대 뒤에 있다. (the counter)

→ The clerk is _____ _____ _____.

3 상자 안에 다이아몬드 반지가 있다. (the box)

→ There is a diamond ring _____ _____ _____.

4 그녀는 현관에서 너를 기다리고 있어. (the front door)

→ She is waiting for you _____ _____ _____ _____.

5 달이 호수 위에 있다. (the lake)

→ The moon is _____ _____ _____.

6 그 건물에는 많은 사람들이 있었다. (the building)

→ There were many people _____ _____ _____.

C 문장 완성   우리말과 일치하도록 괄호 안의 말을 이용하여 문장을 완성하시오.

1 교문 앞에서 만나자. (meet, the school gate)

→ Let's _____.

2 우리는 Johnson 씨 가족 옆에 산다. (live, the Johnsons)

→ We _____.

3 Tom은 화장실에 있다. (the bathroom)

→ Tom _____.

4 나의 고양이는 침대 아래에 있다. (the bed)

→ My cat _____.

5 헬리콥터 한 대가 공원 위를 날고 있다. (fly, the park)

→ A helicopter _____.

6 이리 와서 소파에 앉아라. (sit, the sofa)

→ Come here and _____.

D 오류 수정   어법상 틀린 부분을 바르게 고쳐 문장을 다시 쓰시오.

1 There is a cuckoo clock in the wall. (벽에 뻐꾸기 시계가 하나 있다.)

→ _____

2 He planted a tree on the garden. (그는 정원에 나무 한 그루를 심었다.)

→ _____

3 The school is at Lincoln Street. (그 학교는 링컨가에 있다.)

→ _____

4 I saw Jack in the bus stop. (나는 버스 정류장에서 Jack을 보았다.)

→ _____

5 There is a painting behind of the sofa. (소파 뒤에 그림이 하나 있다.)

→ _____

6 She is standing front the mirror. (그녀는 거울 앞에 서 있다.)

→ _____

UNIT 03 접속사

① and, but, or

접속사는 단어와 단어, 구와 구, 절과 절을 연결해준다. and, but, or은 문법적으로 대등한 것을 연결하기 때문에 등위접속사라고 한다.

I like cold **and** snowy days. 나는 춥고 눈 오는 날을 좋아한다. 〈단어 + 단어〉

We planned a picnic, **but** it started raining. 우리는 소풍을 계획했지만, 비가 내리기 시작했다. 〈절 + 절〉

You can eat out **or** cook at home. 너는 외식을 하거나 집에서 요리를 할 수 있다. 〈구 + 구〉

② when, before, after, because, if

시간, 이유, 조건을 나타내는 접속사로, 절과 절을 연결한다. 이때 접속사가 이끄는 절을 부사절, 나머지 절을 주절이라고 하며, 부사절이 문장 앞에 오면 콤마(,)를 쓴다.

when	~할 때	**When** I was little, I wanted to be an astronaut. 어렸을 때, 나는 우주 비행사가 되고 싶었다.
before	~하기 전에	Jane washed the fruit **before** she ate it. Jane은 먹기 전에 그 과일을 씻었다.
after	~한 후에	**After** he got up, he took a shower. 일어난 후에, 그는 샤워를 했다.
because	~ 때문에	My dad was upset **because** I came home too late. 나의 아빠는 내가 집에 너무 늦게 와서 화가 나셨다.
if	만약 ~라면	**If** you turn left, you will see the library. 좌회전을 하면, 도서관이 보일 것이다.

cf. 시간, 조건의 접속사가 이끄는 부사절에서는 현재시제로 미래를 나타낸다.

If you *will turn* left, you will see the library. (×)

③ 접속사 that

think, know, believe, hope 등의 동사 뒤에서 목적어절을 이끈다. '~라는 것'으로 해석하며 생략할 수 있다.

I know (**that**) Fred is a good dancer. 나는 Fred가 춤을 잘 춘다고 생각한다.

We know (**that**) the Earth is round. 우리는 지구가 둥글다는 것을 안다.

EXERCISE A

괄호 안에서 알맞은 것을 고르시오.

1 My sister (and, or, but) I look alike.

2 The soup was a little salty (and, or, but) tasty.

3 Sue drank water (because, or, that) she was thirsty.

4 I wasn't at home (when, because, if) the deliveryman rang the bell.

5 I believe (after, because, that) we will win the game.

EXERCISE B

빈칸에 알맞은 말을 고르시오.

1 The weather is cold, but _____.

    ⓐ I hope it snows soon   ⓑ there is no wind

2 I hurt my back when _____.

    ⓐ I lifted the heavy box   ⓑ I had to go to the hospital

3 Let's return home before _____.

    ⓐ the sun goes down   ⓑ we finished swimming

4 Text me if _____.

    ⓐ I will reply soon   ⓑ you need anything

5 He passed the test because _____.

    ⓐ he did his best   ⓑ he didn't study at all

EXERCISE C

〈보기〉에서 알맞은 말을 골라 문장을 완성하시오. (단, 한 번씩만 사용할 것)

보기	and	but	or	if	that

1 Harry fell down _____ injured his leg.

2 You can take the bus _____ walk to the park.

3 I think _____ Ian is a nice guy.

4 Ben wants to buy a new guitar, _____ he can't afford it.

5 _____ you eat too much, you will put on weight.

보기	when	before	after	because	that

6 _____ he got into his car, he drove away.

7 She knew _____ something was wrong.

8 _____ I was young, my favorite toy was a teddy bear.

9 He went to the dentist _____ he had a terrible toothache.

10 You must look both ways _____ you cross the street.

WRITING FOCUS

A 배열 영작 우리말과 일치하도록 괄호 안의 말을 바르게 배열하시오.

1 금요일에는 날씨가 따뜻하고 맑을 것이다. (be, warm, it, sunny, and, will)

→ _____ on Friday.

2 내가 설거지를 하거나 방을 청소할게. (wash, clean, the dishes, or, the room)

→ I will _____ .

3 내가 네 나이였을 때, 나는 아무것도 두렵지 않았단다. (when, your, I, was, age)

→ _____ , I wasn't afraid of anything.

4 영화가 시작하기 전에 화장실에 다녀올게. (the movie, before, starts)

→ I'll go to the restroom _____ .

5 질문이 있으면 나에게 이메일을 보내. (you, questions, if, any, have)

→ Email me _____ .

6 나는 수학이 어렵다고 생각하지만 그것을 좋아한다. (I, math, that, difficult, is, think)

→ _____ , but I like it.

B 빈칸 완성 우리말과 일치하도록 괄호 안의 말을 이용하여 빈칸에 알맞은 말을 쓰시오

1 그들은 파리와 암스테르담을 방문할 것이다. (Paris, Amsterdam)

→ They will visit _____ _____ _____ .

2 우리가 주스나 차를 선택할 수 있나요? (juice, tea)

→ Can we choose _____ _____ _____ ?

3 그의 형은 열심히 공부하지만 그는 항상 놀기만 한다. (play)

→ His brother studies hard, _____ _____ _____ all the time.

4 집에서 나가기 전에, 불을 꺼 주세요. (leave)

→ _____ _____ _____ the house, please turn off the lights.

5 복권에 당첨된 후에, 그는 대저택을 샀다. (win)

→ _____ _____ _____ the lottery, he bought a big mansion.

6 나는 정직이 최선의 정책이라고 믿는다. (believe)

→ _____ _____ _____ honesty is the best policy.

C 문장 완성 　우리말과 일치하도록 괄호 안의 말을 이용하여 문장을 완성하시오.

1 너는 커서 무엇이 되고 싶어? (grow up)

→ What do you want to be _____?

2 너무 늦기 전에 너의 마음을 정해. (it, too late)

→ Make up your mind _____.

3 나는 할 것이 많기 때문에 집에 있을 거야. (a lot to do)

→ I will stay home _____.

4 내가 영국을 여행한다면 런던 타워를 방문할 거야. (travel to, England)

→ _____, I will visit the Tower of London.

5 사람들은 그가 결백하다고 믿었다. (innocent)

→ People _____.

6 나는 수박을 좋아하지만 참외는 좋아하지 않는다. (not, oriental melons)

→ I like watermelons, _____.

D 오류 수정 　어법상 틀린 부분을 바르게 고쳐 문장을 다시 쓰시오.

1 Pam likes geography but history. (Pam은 지리와 역사를 좋아한다.)

→ _____

2 I wanted to go there, and I couldn't. (나는 그곳에 가고 싶었지만, 갈 수 없었다.)

→ _____

3 Tonight, I will watch TV or reading a book. (오늘밤 나는 TV를 보거나 책을 읽을 것이다.)

→ _____

4 I didn't know what he wrote the book. (나는 그가 그 책을 썼다는 것을 몰랐다.)

→ _____

5 Let's have a party after the final exam will be over. (기말고사가 끝난 후에 파티를 열자.)

→ _____

6 If it will rain tomorrow, we will cancel the picnic. (내일 비가 온다면, 우리는 소풍을 취소할 것이다.)

→ _____

ACTUAL TEST

01 빈칸에 들어갈 말이 순서대로 짝지어진 것은?

> • My first class starts _____ 9 o'clock.
> • The festival takes place _____ July 10.

① at – in   ② in – at
③ on – in   ④ at – on
⑤ on – at

02 빈칸에 들어갈 말로 알맞은 것은?

> The librarian put the books _____ the bookshelf.

① in   ② on   ③ at
④ over   ⑤ between

03 빈칸에 들어갈 말이 나머지 넷과 <u>다른</u> 것은?

① My grandma was born _____ 1951.
② I don't go to the gym _____ Friday.
③ Liam watches TV _____ the evening.
④ He will go to Europe _____ October.
⑤ I love to go to the beach _____ summer.

04 〈보기〉의 밑줄 친 부분과 쓰임이 <u>다른</u> 것은?

> 보기　He woke up <u>when</u> the alarm went off.

① I first met her <u>when</u> I was 11 years old.
② What do you do <u>when</u> you are stressed?
③ She was happy <u>when</u> she heard the news.
④ <u>When</u> are you going to send him the mail?
⑤ <u>When</u> the doorbell rang, my dog barked loudly.

05 우리말을 영어로 <u>잘못</u> 옮긴 것은?

① 자러 가기 전에, 나는 내 숙제를 끝마쳤다.
→ Before I went to sleep, I finished my homework.
② 그가 어렸을 때, 그는 가수가 되고 싶었다.
→ When he was a child, he wanted to be a singer.
③ 이를 닦은 후에는 아무것도 먹지 마라.
→ After you brush your teeth, do not eat anything.
④ 나는 심한 두통이 있어서 의사를 만났다.
→ I saw a doctor that I had a bad headache.
⑤ 당신에게 시간이 있다면, 와서 저를 도와주세요.
→ If you have time, please come and help me.

06 어법상 <u>틀린</u> 문장을 <u>모두</u> 고르면?

① There are coins in the box.
② The bookstore is next the bank.
③ His car is in front of the building.
④ There is a big tree behind the house.
⑤ Emma is sitting between Ann or Mike.

빈출
07 밑줄 친 접속사의 쓰임이 <u>어색한</u> 것은?

① Would you like cake <u>or</u> cookies?
② Listen to me first <u>before</u> you speak.
③ My hobbies are reading <u>and</u> cycling.
④ The judges think <u>if</u> he is the best dancer.
⑤ She likes action movies, <u>but</u> I like comedies.

고난도

08 어법상 올바른 문장의 개수는?

> ⓐ I don't like eating at night.
> ⓑ There are many fish in the sea.
> ⓒ How is the weather on London?
> ⓓ It is winter because I am not cold.
> ⓔ When I was in Australia, I went fishing.
> ⓕ That you want, you can borrow my car.

① 1개　　　　② 2개　　　　③ 3개
④ 4개　　　　⑤ 5개

✎ 서술형

09 빈칸에 공통으로 들어갈 전치사를 쓰시오.

> • We usually have lunch _____ noon.
> • I will wait for you _____ the bus stop.

10 우리말과 일치하도록 〈보기〉에서 필요한 단어들만 골라 배열하여 문장을 완성하시오.

(1) 나는 수업 중에는 전화를 받을 수 없다.

> | 보기 | the phone | answer | can't |
> |------|-----------|--------|-------|
> | | I | class | for | during |

→ _____

(2) 교장실은 2층에 있다.

> | 보기 | in | on | at | the second floor |
> |------|----|----|----|------------------|
> | | | is | the principal's office | |

→ _____

[11-12] 우리말과 일치하도록 주어진 말을 바르게 배열하시오.

11

> 그들은 벽난로 앞에 앉아 있다.
> (they, of, in, fireplace, front, sitting, the, are)

→ _____

12

> 나는 그가 그 경주에서 우승할 거라고 생각한다.
> (I, he, think, win, the, will, that, race)

→ _____

13 어법상 틀린 부분을 찾아 바르게 고치시오.

(1) I was on Canada two years ago.
　　(나는 2년 전에 캐나다에 있었다.)

_____ → _____

(2) If the rain will stop, I will go for a hike.
　　(비가 그치면, 나는 등산을 갈 것이다.)

_____ → _____

14 각 상자에서 필요한 말을 하나씩 골라 문장을 완성하시오.

> | and | leave the room |
> |-----|----------------|
> | but | they are still dirty |
> | or | he kept his promise |

(1) I washed the shoes, _____.
(2) Please be quiet _____.
(3) He promised to help, _____.

15 괄호 안에 주어진 접속사를 사용하여 두 문장을 한 문장으로 연결하시오. (단, 문장 순서를 바꾸지 말 것)

(1) She saw the mouse. She screamed. (when)

→ _____

(2) Tom is in the hospital. He had an accident.
　　(because)

→ _____

16 그림을 보고, 〈보기〉에서 알맞은 말을 골라 문장을 완성하시오.

보기	in	on	at	over	under
	next to		behind		in front of

(1) There is a desk _____ the bed.

(2) There is a computer _____ the desk.

(3) There is a football _____ the bed.

17 Tony의 오후 일정표를 보고, 주어진 말을 활용하여 질문에 대한 답을 쓰시오.

4:00 ~ 5:00	have a violin lesson
5:00 ~ 7:00	study English
7:00 ~ 8:00	have dinner
8:00 ~ 9:00	play computer games

(1) A: When does Tony have a violin lesson?

B: Tony has a violin lesson _____

_____ _____. (4 o'clock)

(2) A: How long does he study English?

B: He studies English _____

_____ _____. (two hours)

(3) A: When does he play computer games?

B: He plays computer games _____

_____ _____ _____.

(have dinner)

18 밑줄 친 부분이 어법상 틀린 문장 2개를 골라 기호를 쓰고, 밑줄 친 부분을 바르게 고치시오.

ⓐ I'll see you <u>in</u> Monday morning.

ⓑ There is something <u>on</u> your face.

ⓒ A hot-air balloon is flying <u>over</u> the city.

ⓓ He is a good actor, <u>and</u> he isn't famous.

ⓔ <u>If</u> it snows, we will have a snowball fight.

(   ) → _____

(   ) → _____

[19-20] 다음 글을 읽고, 물음에 답하시오.

Tomorrow is my brother's birthday. I want to throw him a surprise party. I bought a carrot cake (1) _____ it is his favorite. 나는 그가 집에 도착했을 때 그를 놀라게 할 것이다. I hope (2) _____ he likes it.

고난도

19 빈칸에 알맞은 말을 〈보기〉에서 골라 각각 쓰시오.

보기	when	after	because	if	that

(1) _____ (2) _____

20 밑줄 친 우리말과 일치하도록 〈조건〉에 맞게 문장을 완성하시오.

조건 1. be going to, surprise, get home을 순서대로 활용할 것
2. 알맞은 접속사를 사용하여 총 10단어로 쓸 것

→ _____

_____

+Memo

+Memo

문법을 알면 **영작**이 쉽다!

Grammar Plus Writing

ANSWER KEY

1

DARAKWON

Grammar +Plus Writing

Chapter 01
be동사와 일반동사

UNIT 01 be동사

GRAMMAR FOCUS
pp.10-11

EXERCISE A

1 is **2** is **3** are
4 is **5** are **6** is
7 is **8** are **9** are
10 are

해석

1 그것은 연필이다.
2 내 이름은 Tony이다.
3 그 나무들은 푸르다.
4 Linda는 통화 중이다.
5 너는 좋은 학생이다.
6 윤 선생님은 나의 선생님이다.
7 그 컴퓨터는 새것이다.
8 그 멜론들은 달콤하다.
9 Sam과 나는 파티에 있다.
10 John과 Mary는 수학을 잘한다.

EXERCISE B

1 is **2** are **3** am
4 is **5** is **6** are
7 is **8** are **9** are
10 is **11** is **12** are

해석

1 그것은 내 실수이다.
2 그들은 브라질 출신이다.
3 나는 15살이다.
4 나의 언니는 캐나다에 있다.
5 그 새는 나무에 있다.
6 나의 부모님은 매우 바쁘시다.
7 Donna는 나의 가장 친한 친구이다.
8 나의 이웃들은 친절하다.
9 너는 학교에 늦었다.
10 너의 영어는 아주 훌륭하다.
11 Jones 박사님은 치과 의사이다.
12 그 차들은 주차장에 있다.

EXERCISE C

1 is **2** are **3** are
4 ○ **5** is **6** ○
7 are **8** ○ **9** is
10 are **11** ○ **12** are

해석

1 그녀는 무용수이다.
2 그들은 지금 행복하다.
3 우리는 정원에 있다.
4 이것은 새 배낭이다.
5 그는 나의 삼촌이다.
6 그 잡지는 탁자 위에 있다.
7 그 가방들은 가득 차 있다.
8 나는 내 방에 있다.
9 파리는 곤충이다.
10 Jack과 Jill은 학교에 있다.
11 나의 어머니는 선생님이다.
12 너와 나는 친구이다.

WRITING FOCUS
pp.12-13

A

1 They are new teachers.
2 The children are very noisy.
3 The dress is expensive.
4 He is my PE teacher.
5 You are a good baseball player.
6 I am in the first grade.

B

1 He is **2** students are
3 It is **4** You are
5 vegetables are **6** I am, she is

C

1 The buildings are tall.
2 My grandparents are 70 years old.
3 My birthday is in May.
4 It is[It's] my favorite song.
5 That rainbow is beautiful.
6 January and February are cold.

D

1 We are in the classroom.
2 Your dog is so cute.
3 My brother and I are very different.
4 The cups are broken.
5 James is a basketball player.
6 Ron and Carol are brother and sister.

GRAMMAR FOCUS

pp.14-15

EXERCISE A

1 is not / Is he
2 are not / Are they
3 are not / Are you

해석

1 그는 너의 선생님이다.
[부정문] 그는 너의 선생님이 아니다.
[의문문] 그는 너의 선생님이니?
2 그들은 방에 있다.
[부정문] 그들은 방에 없다.
[의문문] 그들은 방에 있니?
3 당신은 경찰관이다.
[부정문] 당신은 경찰관이 아니다.
[의문문] 당신은 경찰관입니까?

EXERCISE B

1 Are you from
2 aren't[are not]
3 is not[isn't]
4 aren't[are not]
5 Is she
6 It is not[isn't]
7 Are you
8 is not[isn't] happy
9 is not[isn't]
10 Are they
11 is not[isn't]
12 Is the milk

해석

1 너는 캐나다 출신이니?
2 그들은 지금 집에 없다.
3 그것은 싸지 않다.
4 우리는 학교에 있지 않다.
5 그녀는 네 여동생이니?
6 그것은 공이 아니다.
7 너는 피곤하니?
8 Jane은 행복하지 않다.
9 그 부엌은 깨끗하지 않다.
10 그들은 그 가게에 있니?
11 나의 형은 키가 크지 않다.
12 우유가 냉장고에 있니?

EXERCISE C

1 they aren't
2 she is
3 I'm not
4 we aren't
5 it is
6 they are
7 he is
8 she isn't
9 you are
10 we are
11 it isn't
12 they are

해석

1 A: 그들은 역에 있니? B: 아니, 그렇지 않아.
2 A: 그녀는 너의 친구니? B: 응, 그래.
3 A: 당신은 선생님입니까? B: 아니요, 그렇지 않습니다.
4 A: 당신들은 축구 선수입니까?
  B: 아니요, 그렇지 않습니다.
5 A: 이것은 너의 휴대폰이니? B: 응, 그래.
6 A: 그 상자들은 비어 있니? B: 응, 그래.
7 A: 너희 아버지는 항상 바쁘시니? B: 응, 그래.
8 A: 그녀가 Cindy니? B: 아니, 그렇지 않아.
9 A: 제가 맞나요? B: 네, 그렇습니다.
10 A: 너와 네 여동생은 쌍둥이니? B: 응, 그래.
11 A: 이 책은 재미있니? B: 아니, 그렇지 않아.
12 A: 그것들은 Peter의 공책이니? B: 응, 그래.

WRITING FOCUS

pp.16-17

A

1 It is not my bag.
2 She is not my classmate.
3 Are they at the gym?
4 He is not late for class.
5 My bag is not black.
6 Is your sister cute?

B

1 He is not
2 You are not
3 Are they
4 Are you
5 Is she
6 We are not

C

1 The soup is not[isn't] hot.
2 Are Jane and Peter at the restaurant?
3 She is not[isn't] a math teacher.
4 We are not[aren't] hungry.
5 Are they doctors?
6 Are you ready for the exam?

D

1 Is your favorite color blue?
2 Are Tom and Alice cousins?
3 The chairs are not[aren't] comfortable.
4 We are not[aren't] friends.
5 Is Susan a good singer?
6 I am not[I'm not] from America.

GRAMMAR FOCUS

pp.18-19

EXERCISE A

1 goes	**2** lives	**3** flies
4 eat	**5** plays	**6** has
7 freezes	**8** misses	**9** does
10 teaches		

해석

1 Tim은 매일 체육관에 간다.
2 Williams 씨는 그 마을에 산다.
3 독수리는 높이 난다.
4 나는 보통 아침 식사로 토스트를 먹는다.
5 Bob은 기타를 아주 잘 친다.
6 Mary는 많은 친구들이 있다.
7 물은 섭씨 0도에서 언다.
8 그 소녀는 그녀의 어머니를 많이 그리워한다.
9 Mark는 방과 후에 그의 숙제를 한다.
10 그녀는 고등학교에서 프랑스어를 가르친다.

EXERCISE B

1 drink	**2** cries	**3** works
4 rises	**5** washes	

EXERCISE C

1 goes	**2** ○	**3** like
4 closes	**5** watches	**6** ○
7 moves	**8** has	**9** ○
10 fixes	**11** love	**12** studies

해석

1 Sam은 중학교에 다닌다.
2 그 버스들은 30분마다 운행한다.
3 나는 만화책을 좋아한다.
4 그 박물관은 오후 6시에 닫는다.
5 그 남자는 매일 밤 TV를 본다.
6 Jenny는 매년 여름에 그녀의 할머니를 방문한다.
7 지구는 태양 주위를 돈다.
8 그 요정은 날개가 있다.
9 엄마는 자기 전에 나에게 뽀뽀를 해 주신다.
10 나의 형은 나를 위해 내 자전거를 고쳐 준다.
11 많은 사람들이 스포츠를 사랑한다.
12 Jin은 매일 영어를 공부한다.

WRITING FOCUS

pp.20-21

A

1 They study English

2 Ted plays computer games
3 The students like Mr. Kim.
4 Sally cleans her room
5 She visits New York
6 My parents have a nice car.

B

1 drives to work	**2** goes to bed
3 tries her best	**4** washes his hair
5 floats on water	**6** buys flowers

C

1 eat three meals
2 Jenny studies law
3 make the best pasta
4 closes at 11:00 p.m.
5 Jack works
6 Jane and Sandra play tennis

D

1 I listen to music every day.
2 Mr. Kim teaches our English class.
3 Susan enjoys Korean food.
4 My mother always worries about me.
5 The library has many books.
6 The children go to school by bus.

GRAMMAR FOCUS

pp.22-23

EXERCISE A

1 don't like / Do you like
2 don't work / Do they work
3 doesn't dance / Does Maria dance
4 don't live / Do, live

해석

1 너는 수박을 좋아한다.
  [부정문] 너는 수박을 좋아하지 않는다.
  [의문문] 너는 수박을 좋아하니?
2 그들은 토요일에 일한다.
  [부정문] 그들은 토요일에 일하지 않는다.
  [의문문] 그들은 토요일에 일하니?
3 Maria는 발레를 아주 잘 춘다.
  [부정문] Maria는 발레를 잘 못 춘다.
  [의문문] Maria는 발레를 잘 추니?
4 그의 부모님은 시애틀에 사신다.

[부정문] 그의 부모님은 시애틀에 사시지 않는다.
[의문문] 그의 부모님은 시애틀에 사시니?

EXERCISE B

1 Do you like
2 doesn't have
3 Does Brian live
4 don't learn
5 doesn't clean
6 Does Emily, go

EXERCISE C

1 it doesn't
2 they do
3 I don't
4 it does
5 they don't
6 she does
7 they do
8 they don't
9 we do
10 they don't
11 he doesn't
12 they do

해석

1 A: 기차는 오후 3시에 도착합니까?
   B: 아니요, 그렇지 않습니다.
2 A: 너의 사촌들은 대학에 다니니?   B: 응, 그래.
3 A: John, 너는 매일 운동하니?   B: 아니, 그렇지 않아.
4 A: 그것은 좋은 냄새가 나니?   B: 응, 그래.
5 A: 그들은 피자를 원하니?   B: 아니, 그렇지 않아.
6 A: 그녀는 가족이 많니?   B: 응, 그래.
7 A: 멕시코 사람들은 스페인어를 하니?   B: 응, 그래.
8 A: 너의 부모님은 여행을 많이 하시니?
   B: 아니, 그렇지 않아.
9 A: 우리 서로 아는 사이인가요?   B: 네, 그렇습니다.
10 A: 파인애플은 나무에서 자라니?   B: 아니, 그렇지 않아.
11 A: 너의 형은 차를 운전하니?   B: 아니, 그렇지 않아.
12 A: 그 아이들은 학교까지 걸어가니?   B: 응, 그래.

WRITING FOCUS

pp.24-25

A

1 Ally doesn't go to the dentist.
2 Do you have a pet?
3 She doesn't spend much money.
4 They don't work late.
5 Does Tom help his parents at home?
6 We don't live here.

B

1 doesn't drive
2 Does she like
3 don't understand
4 don't have
5 Do you play
6 doesn't snow

C

1 doesn't like horror movies
2 Do you go on vacation
3 don't feel good

4 doesn't drink coffee
5 doesn't work well
6 Do they know

D

1 Does she speak French?
2 They do not[don't] drink coffee.
3 I do not[don't] like spicy food.
4 Does Jerry live in Korea?
5 Mike doesn't know Sarah very well.
6 Does your mother work at a hospital?

ACTUAL TEST

pp.26-28

01 ③
02 ③
03 ⑤
04 ④
05 ①
06 ⑤
07 ④
08 ②
09 (1) are   (2) is
10 (1) Your books are not on the table.
   (2) She does not have many friends.
11 (1) He isn't[is not] my English teacher.
   (2) Does she live far from school?
12 (1) are in the second grade
   (2) Emma doesn't[does not] eat fast food
13 (1) don't be → am not
   (2) doesn't → don't[do not]
14 Yes, I do
15 (1) is   (2) do   (3) Does
16 (1) Does, have   (2) she doesn't, has
17 (1) like   (2) doesn't like, likes
18 Is she your teacher?
19 (1) is   (2) are   (3) loves   (4) go
20 ⓓ → Do

01 Mr. Jones은 단수 주어이므로 is, Judy and I는 복수 주어이므로 are가 알맞다.
02 ③ The old man은 3인칭 단수 주어이므로 「동사원형+ -(e)s」 형태인 lives를 써야 한다.
03 장소의 부사(구) 앞에 쓰인 be동사는 '(~에) 있다'의 의미이다. ①②③④는 '~이다', ⑤는 '~(에) 있다'의 의미이다.
04 주어가 3인칭 단수(Peter)이므로 ① studys → studies, ② take → takes, ③ haves → has, ⑤ watchs → watches로 고쳐야 알맞다.
05 ① be동사(Are)로 물었으므로 be동사를 사용해서 대답한다. (Yes, I do. → Yes, I am.)
06 ① isn't → doesn't, ② Does → Is, ③ Do→ Are, ④ gets → get으로 고쳐야 알맞다.

07 ① am not → do not[don't], ② don't runs → doesn't run, ③ doesn't → don't, ⑤ Is → Does로 고쳐야 알맞다.

08 ⓑ Is → Are, ⓒ go → goes, ⓔ Does → Is로 고쳐야 알맞다.

09 (1) 주어가 복수(John and Emily)이므로 are를 쓴다.
(2) 주어가 3인칭 단수(Their house)이므로 is를 쓴다.

10 (1) be동사의 부정문은 「be동사+not」 형태이다.
(2) 일반동사 현재형의 부정문은 「do/does+not+동사원형」 형태이다.

11 (1) be동사의 부정문은 「be동사+not」 형태이다.
(2) 주어가 3인칭 단수(She)일 때 일반동사 현재형의 의문문은 「Does+주어+동사원형 ~?」 형태이다.

12 (1) 주어가 복수(He and I)일 때 be동사는 are를 쓴다.
(2) 주어가 3인칭 단수(Emma)일 때 일반동사 현재형의 부정문은 「doesn't[does not]+동사원형」 형태이다.

13 (1) be동사의 부정문은 「be동사+not」 형태이다. 주어가 I이므로 be동사 am을 써서 am not으로 써야 한다.
(2) 주어가 복수(The children)이므로 don't를 써야 한다.

14 Do you ~?에 대한 긍정의 대답은 Yes, I do이다.

15 (1) 주어가 3인칭 단수(your bag)이고 뒤에 형용사 blue가 있으므로 be동사 is를 쓴다.
(2) 주어가 복수(My sisters)이고 뒤에 일반동사 like가 있으므로 do를 써서 부정문을 만든다.
(3) 주어가 3인칭 단수(Chris)이고 뒤에 일반동사 know가 있으므로 Does를 써서 의문문을 만든다.

16 (1) 주어가 3인칭 단수(Cindy)일 때 일반동사 현재형의 의문문은 「Does+주어+동사원형 ~?」 형태이다
(2) 「Does+주어+동사원형 ~?」에 대한 부정의 대답은 「No, 주어+doesn't」이며, 주어가 3인칭 단수(She)일 때 have는 has로 쓴다.

17 (1) 주어가 복수(Tony and Julie)이므로 like를 쓴다.
(2) 주어가 3인칭 단수(Tony, Julie)이므로 부정문은 「doesn't+동사원형」, 긍정문은 「동사원형+-(e)s」 형태로 쓴다.

18 be동사로 대답했으므로 질문도 be동사를 써서 한다.

19 (1) 단수 주어(My name)이므로 is가 알맞다.
(2) 복수 주어(You and your friend)이므로 are가 알맞다.
(3) 3인칭 단수 주어(My sister)이므로 「동사원형+-(e)s」 형태인 loves가 알맞다.
(4) 복수 주어(We)이므로 동사원형인 go가 알맞다.

20 ⓓ 주어가 you이고 뒤에 일반동사 want가 있으므로 Are를 Do로 고쳐야 알맞다.

> 해석 A: 안녕, Susan. 너 오늘 한가하니?
> B: 응, 그래. 무슨 일인데?
> A: 야구 경기 표가 두 장 있어. 나와 같이 갈래?
> B: 물론이지. 나는 야구의 열렬한 팬이거든.

Chapter 02
시제

UNIT 01 과거시제

GRAMMAR FOCUS
pp.30-31

EXERCISE A
1 was **2** were **3** ate
4 cried **5** stopped **6** had
7 went **8** wrote

> 해석
1 나는 열네 살이었다.
2 그들은 교실에 있었다.
3 우리는 점심으로 피자를 먹었다.
4 그 아기는 엄마를 찾으며 울었다.
5 그는 빨간 신호에서 차를 멈추었다.
6 우리는 해변에서 아주 즐거운 시간을 보냈다.
7 나의 아빠는 일하러 가셨다.
8 Jane은 그녀의 할머니에게 편지를 썼다.

EXERCISE B
1 went **2** was **3** studied
4 watched **5** were **6** bought
7 listened **8** made **9** read
10 drank **11** were **12** had

> 해석
1 지난주에 그들은 공원에 산책을 갔다.
2 어제는 따뜻하고 화창했다.
3 우리는 어젯밤에 시험공부를 했다.
4 어제 Sam은 집에서 영화를 봤다.
5 Jack과 나는 작년에 열두 살이었다.
6 그녀는 달걀과 당근을 몇 개 샀다.
7 Mary는 오늘 아침에 라디오를 들었다.
8 Ben은 지난주에 우리에게 쿠키를 만들어 주었다.
9 그 남자는 한국 역사에 관한 책을 한 권 읽었다.
10 나는 오늘 아침에 오렌지주스를 마셨다.
11 Susie와 Tom은 지난겨울에 일본에 있었다.
12 Emily는 어젯밤에 나쁜 꿈을 꾸었다.

EXERCISE C
1 did **2** left **3** knew
4 sang **5** put

WRITING FOCUS pp.32-33

A

1 My grandmother was born
2 She was in the kitchen
3 He closed the door
4 John played computer games
5 They bought a new car
6 We went to the concert

B

1 sent a present   **2** stayed in a cabin
3 were late   **4** did some exercises
5 was my classmate   **6** saw something

C

1 broke the window   **2** slept for ten hours
3 had a headache   **4** was in his room
5 sat on the bench   **6** cut the cake

D

1 The weather was nice yesterday.
2 They helped us last night.
3 I read the book two years ago.
4 He opened a new YouTube channel last month.
5 I met Mary at school this morning.
6 We went to Gyeongju last weekend.

UNIT 02 과거시제의 부정문과 의문문

GRAMMAR FOCUS pp.34-35

EXERCISE A

1 wasn't   **2** weren't   **3** didn't
4 didn't   **5** Was   **6** Did
7 find   **8** see

해석

1 그 시험은 어렵지 않았다.
2 그 쿠키는 나에게 맛있지 않았다.
3 그녀는 어젯밤에 나에게 전화하지 않았다.
4 나는 그 식당의 음식이 마음에 들지 않았다.
5 John은 오늘 아침에 직장에 늦었니?
6 너는 미술 시간에 이 그림을 그렸니?
7 그는 어제 자신의 지갑을 찾았니?
8 그들은 파리에서 에펠 탑을 보았니?

EXERCISE B

1 [부정문] The jacket wasn't expensive.
　[의문문] Was the jacket expensive?
2 [부정문] They weren't happy with the results.
　[의문문] Were they happy with the results?
3 [부정문] You didn't pay the bill last week.
　[의문문] Did you pay the bill last week?
4 [부정문] He didn't go to elementary school in New York.
　[의문문] Did he go to elementary school in New York?

해석

1 그 재킷은 비쌌다.
　[부정문] 그 재킷은 비싸지 않았다.
　[의문문] 그 재킷은 비쌌니?
2 그들은 그 결과에 만족했다.
　[부정문] 그들은 그 결과에 만족하지 않았다.
　[의문문] 그들은 그 결과에 만족했니?
3 너는 지난주에 그 청구서를 납부했다.
　[부정문] 너는 지난주에 그 청구서를 납부하지 않았다.
　[의문문] 너는 지난주에 그 청구서를 납부했니?
4 그는 뉴욕에서 초등학교를 다녔다.
　[부정문] 그는 뉴욕에서 초등학교를 다니지 않았다.
　[의문문] 그는 뉴욕에서 초등학교를 다녔니?

EXERCISE C

1 weren't here   **2** wasn't enjoyable
3 didn't drive   **4** Was, good
5 Did, buy   **6** Did, go

WRITING FOCUS pp.36-37

A

1 We did not go to the park
2 Chris was not at home
3 Did you hear the news
4 Were you busy
5 She did not invite me
6 Did you study for the exam

B

1 Did she learn   **2** wasn't sick
3 didn't go   **4** didn't skip
5 Were you hungry   **6** didn't understand

C

1 Were you born
2 didn't change her mind
3 Did you go to the restaurant

4 didn't eat anything

5 didn't wear glasses

6 weren't tired

D

1 They weren't at the playground yesterday.

2 Did you enjoy the movie last night?

3 The magazine wasn't on the table.

4 We didn't watch the parade.

5 Was your mom angry yesterday?

6 Did the boy break the toy?

UNIT 03 미래시제

GRAMMAR FOCUS
pp.38-39

EXERCISE A

1 cook   **2** be   **3** am going

4 will   **5** to get   **6** buy

7 will

> 해석

1 그는 오늘 저녁 식사를 요리할 것이다.

2 날씨가 내일은 좋을 것이다.

3 나는 내년 봄에 마라톤을 뛸 예정이다.

4 우리는 토요일에 캠핑을 갈 것이다.

5 나는 곧 머리를 자를 예정이다.

6 그들은 한 달 후에 새 차를 살 것이다.

7 나의 아버지가 내일 학교까지 나를 태워다 주실 것이다.

EXERCISE B

1 They are not[aren't] going to buy the house.

2 Peter will not[won't] need your help.

3 Is she going to travel to Europe next month?

4 Will we see each other soon?

5 I am not[I'm not] going to wear that dress to the party.

6 Will you get up early tomorrow morning?

> 해석

1 그들은 그 집을 살 예정이다.
→ 그들은 그 집을 사지 않을 예정이다.

2 Peter는 당신의 도움이 필요할 것이다.
→ Peter는 당신의 도움이 필요하지 않을 것이다.

3 그녀는 다음 달에 유럽으로 여행을 갈 예정이다.
→ 그녀는 다음 달에 유럽으로 여행을 갈 예정이니?

4 우리는 곧 서로 볼 것이다.
→ 우리가 곧 서로 보게 될까요?

5 나는 파티에 저 드레스를 입을 예정이다.
→ 나는 파티에 저 드레스를 입지 않을 예정이다.

6 너는 내일 아침에 일찍 일어날 것이다.
→ 너는 내일 아침 일찍 일어날 거니?

EXERCISE C

1 Will, I will   **2** Is, she isn't

3 Are, they are   **4** Will, it won't

5 Is, he is   **6** Will, he will

> 해석

1 A: 너는 저녁 식사 후에 책을 읽을 거니?
B: 응, 그래.

2 A: 그녀는 샌프란시스코로 이사 갈 예정이니?
B: 아니, 그렇지 않아.

3 A: 그들은 비행기로 여행할 예정이니?
B: 응, 그래.

4 A: 내일 비가 올까?
B: 아니, 그렇지 않아.

5 A: Smith 씨는 내일 출근합니까?
B: 네, 그렇습니다.

6 A: 너의 오빠는 내년에 스무 살이 되니?
B: 응, 그래.

WRITING FOCUS
pp.40-41

A

1 I will learn Chinese

2 He is going to study abroad

3 will not take the bus

4 is not going to go

5 Will you be free

6 Is Jack going to come

B

1 will be   **2** are going to clean

3 will not wait   **4** is not going to snow

5 Will you use   **6** Is he going to join

C

1 will study

2 is going to perform

3 will not[won't] take a taxi

4 am not going to watch TV

5 Will you be at work

6 Is Tom going to come back

D

1 The bus will come soon.

2 She is going to visit Canada next year.

3 I will learn how to play the violin.

4 He won't[will not] call you tonight.

5 Will you be at home tomorrow?

6 Are they going to study at the library?

UNIT **04** 현재진행형

GRAMMAR FOCUS

pp.42-43

EXERCISE A

1 am walking   **2** is running

3 are flying   **4** are lying

해석

1 나는 내 개를 산책시킨다.

→ 나는 내 개를 산책시키고 있다.

2 사자는 얼룩말을 쫓는다.

→ 사자는 얼룩말을 쫓고 있다.

3 Tom과 Jane은 연을 날린다.

→ Tom과 Jane은 연을 날리고 있다.

4 몇몇 사람들이 햇볕에 눕는다.

→ 몇몇 사람들은 햇볕에 누워 있다.

EXERCISE B

1 We aren't learning English.

2 John isn't helping his parents.

3 The oven isn't working.

4 Are you writing an email?

5 Are they swimming in the pool?

6 Is it raining right now?

해석

1 우리는 영어를 배우고 있다.

→ 우리는 영어를 배우고 있지 않다.

2 John은 그의 부모님을 돕고 있다.

→ John은 그의 부모님을 돕고 있지 않다.

3 그 오븐은 작동하고 있다.

→ 그 오븐은 작동하고 있지 않다.

4 너는 이메일을 쓰고 있다.

→ 너는 이메일을 쓰고 있니?

5 그들은 수영장에서 수영하고 있다.

→ 그들은 수영장에서 수영하고 있니?

6 지금 비가 오고 있다.

→ 지금 비가 오고 있니?

EXERCISE C

1 is singing   **2** Is, going

3 aren't cleaning   **4** are shopping

5 is sitting   **6** Is, sleeping

7 aren't playing   **8** isn't watching

9 is shining   **10** am looking

11 is wearing   **12** Are, doing

해석

1 그녀는 노래를 부르고 있다.

2 Kevin은 공원에 가고 있니?

3 그들은 자신들의 방을 청소하고 있지 않다.

4 엄마와 아빠는 시장에서 쇼핑을 하고 계신다.

5 내 친구가 내 옆에 앉아 있다.

6 David는 아직 자고 있니?

7 그 남자아이들은 하키를 하고 있지 않다.

8 나의 아버지는 지금 TV를 보고 계시지 않다.

9 태양이 밝게 빛나고 있다.

10 나는 내 휴대폰을 찾고 있다.

11 Mike는 그의 새 선글라스를 쓰고 있다.

12 너는 네 숙제를 하고 있니?

WRITING FOCUS

pp.44-45

A

1 The passengers are getting off the train.

2 Susie and her friends are going to the library.

3 We are making a cake for Emma's birthday.

4 They aren't[are not] using the copy machine.

5 Are they shopping at the mall?

6 My father isn't[is not] wearing a tie.

B

1 are falling   **2** Are you using

3 aren't cleaning   **4** are lying

5 are having   **6** are playing

C

1 is combing her hair

2 are building a sandcastle

3 are traveling by train

4 aren't listening to me

5 is asking for directions

6 Is she sending

D

1 Jimmy and I are waiting for the bus.

2 They are moving the box to the store.

3 The man is cutting the grass in the yard.

4 Are they jumping on the bed now?

5 Luckily, the baby is not[isn't] crying at the moment.

6 It isn't[is not] snowing outside.

ACTUAL TEST

pp.46-48

01 ③	02 ①	03 ⑤	04 ④
05 ④	06 ③	07 ①	08 ②

09 (1) were　(2) ran　(3) stopped

10 (1) We will throw a surprise party for him.
(2) They are going to move in a month.

11 (1) Tom and Alice are chatting on the phone.
(2) He isn't[is not] riding a bike.
(3) Are you cleaning your room?

12 (1) Was the lesson
(2) isn't watching
(3) is going to be cold

13 (1) did meet → met　(2) willn't → won't

14 Did, buy, bought

15 (1) played golf　(2) will go jogging

16 (1) took a walk
(2) didn't do the dishes
(3) studied math for an hour

17 is taking

18 (1) are having　(2) is swimming
(3) is building　(4) are lying

19 ⓓ → ate

20 are going to visit

---

01 ①은 cried, ②는 hit, ④는 planned, ⑤는 taught로 고쳐야 알맞다.

02 last month는 과거를 나타내므로 read[ri:d]의 과거형인 ① read[red]가 알맞다.

03 tomorrow는 미래를 나타내므로 will go 또는 ⑤ are going to go가 알맞다.

04 ①은 eating, ②는 smiling, ③은 sitting, ⑤는 running으로 고쳐야 알맞다.

05 ④ 주어가 복수(your classmates)이므로 Is를 Are로 고쳐야 알맞다.

06 ① liked → like, ② not was → was not, ④ Were → Was, ⑤ heard → hear로 고쳐야 알맞다.

07 ② am → be, ③ doesn't will → won't[will not], ④ plays → play, ⑤ wills → will로 고쳐야 알맞다.

08 ⓑ make → made, ⓒ Did they → Will they 또는 Are they going to, ⓓ won't be → isn't[is not]로 고쳐야 알맞다.

09 (1) last year는 과거를 나타내고 주어가 복수(They)이므로 were를 쓴다.
(2) yesterday는 과거를 나타내므로 run의 과거형 ran을 쓴다.
(3) an hour ago는 과거를 나타내므로 stop의 과거형 stopped를 쓴다.

10 미래의 일은 「will+동사원형」 또는 「be going to+동사원형」 형태이다.

11 (1) 현재진행형은 「am/is/are+동사원형-ing」 형태이다.
(2) 현재진행형 부정문은 「am/is/are+not+동사원형-ing」 형태이다. is not은 isn't로 줄여 쓸 수 있다.
(3) 현재진행형 의문문은 「Am/Is/Are+주어+동사원형-ing ~?」 형태이다.

12 (1) be동사 과거형의 의문문은 「Was/Were+주어 ~?」 형태이다.
(2) 현재진행형 부정문은 「am/is/are+not+동사원형-ing」 형태이다.
(3) 미래의 일은 be going to를 쓰는 경우 「be going to+동사원형」 형태이다.

13 (1) ten years ago가 과거를 나타내므로 meets의 과거형 met을 써야 한다.
(2) will not의 줄임말은 won't이다.

14 어제의 일을 묻고 있으므로 「Did+주어+동사원형 ~?」 형태로 묻고, buy의 과거형인 bought로 답해야 자연스럽다.

15 (1) yesterday는 과거를 나타내므로 play의 과거형인 played를 쓴다.
(2) tomorrow는 미래를 나타내므로 「will+동사원형」(또는 「be going to+동사원형」) 형태로 쓴다.

16 어제 한 일은 동사를 과거형(took, studied)으로 쓰고, 하지 않은 일은 「didn't+동사원형」 형태(didn't do)로 쓴다.

17 현재진행형으로 묻고 있으므로 현재진행형인 「am/is/are+동사원형-ing」 형태로 답한다.

18 지금 진행 중인 일을 묘사하는 글이므로 현재진행형인 「am/is/are+동사원형-ing」 형태로 쓴다.
> **해석** 더운 여름날이다. Jack과 그의 가족은 해변에서 멋진 시간을 보내고 있다. Jack은 바다에서 수영을 하고 있다. 그의 남동생은 모래성을 짓고 있다. 그의 부모님은 해변에 누워 아이들이 안전한지 확인하기 위해 지켜보고 있다.

[19-20]
> **해석** 지난주에 Mina의 가족은 제주도로 여행을 갔다. 그들은 그곳에서 5일 동안 머물렀다. 그들은 많은 아름다운 장소들을 방문했다. 그들은 맛있는 음식도 많이 먹었다. 그 여행은 정말 즐거웠다. 그들은 내년에 다시 제주도를 방문할 것이다

19 지난주의 일이므로 ⓓ eat의 과거형인 ate으로 고쳐야 알맞다.

20 미래의 일은 be going to를 쓰는 경우 「be going to+동사원형」으로 나타낸다.

Chapter 03
조동사

can, may

GRAMMAR FOCUS

pp.50-51

EXERCISE A

1 ⓐ 능력   **2** ⓑ 추측   **3** ⓐ 능력

4 ⓑ 요청   **5** ⓐ 허가   **6** ⓐ 허가

해석

1 치타는 빨리 달릴 수 있다.

2 그 아기는 배가 고플지도 모른다.

3 너는 수영을 잘 할 수 있니?

4 TV 좀 꺼 줄래?

5 제가 당신의 펜을 빌려도 될까요?

6 여기에 당신의 차를 주차하시면 안 됩니다.

EXERCISE B

1 He can fix cars.

2 She may be a doctor.

3 He may not like the idea.

4 Peter could run a marathon last year.

5 I was able to pass the exam.

6 May I use your computer?

해석

1 그는 자동차를 고친다.
→ 그는 자동차를 고칠 수 있다.

2 그녀는 의사이다.
→ 그녀는 의사일지도 모른다.

3 그는 그 아이디어를 좋아하지 않는다.
→ 그는 그 아이디어를 좋아하지 않을지도 모른다.

4 Peter는 작년에 마라톤을 뛰었다.
→ Peter는 작년에 마라톤을 뛸 수 있었다.

5 나는 그 시험에 합격했다.
→ 나는 그 시험에 합격할 수 있었다.

6 제가 당신의 컴퓨터를 사용합니까?
→ 제가 당신의 컴퓨터를 사용해도 될까요?

EXERCISE C

1 Can you lift   **2** can't thread

3 May I ask   **4** may catch

5 may not be

WRITING FOCUS

pp.52-53

A

1 He can play the violin.

2 I am able to make *bulgogi*.

3 You can join us on our trip.

4 The scientist may be a genius.

5 She may not like spicy food.

6 May I have your attention?

B

1 can see   **2** can[may] sit

3 Can[May], visit   **4** is not able to reach

5 may not want   **6** Can, recommend

C

1 Can Nancy play

2 May I go

3 can come anytime

4 weren't[were not] able to catch

5 may take a trip to Sydney

6 may not be at home

D

1 She can speak three languages.

2 I couldn't cook very well.

3 We will be able to see a full moon tonight.

4 May I come in?

5 Brian may not remember your name.

6 He may be angry with me.

must, have to, should

GRAMMAR FOCUS

pp.54-55

EXERCISE A

1 ⓑ 충고   **2** ⓐ 의무   **3** ⓐ 의무

4 ⓐ 금지   **5** ⓑ 불필요   **6** ⓑ 충고

7 ⓐ 의무

해석

1 너는 책을 더 많이 읽어야 한다.

2 차 안에서는 안전벨트를 착용해야 한다.

3 그녀는 오늘 청구서를 지불해야 한다.

4 이 건물 안에서는 담배를 피우면 안 된다.

5 우리는 서두를 필요가 없다.

6 너는 탄산음료를 너무 많이 마시면 안 된다.

7 제가 헬멧을 착용해야 하나요?

EXERCISE B

1 너는 오늘 네 숙제를 끝내야 한다.

2 그녀는 거짓말을 해서는 안 된다.

3 Olivia는 지금 그녀의 방을 청소해야 한다.

4 그는 내일 학교에 갈 필요가 없다.

5 제가 매일 운동을 해야 하나요?

6 너는 충분한 수면을 취해야 한다.

EXERCISE C

1 must not cheat   **2** has to take

3 should listen   **4** doesn't have to buy

5 Do, have to go

WRITING FOCUS

pp.56-57

A

1 He must come back home

2 She has to take an exam

3 You must not make loud noises

4 You don't have to cook

5 He should get some rest

6 Should we take the bus

B

1 must[should] check

2 has to go

3 must[should] not be late

4 doesn't have to wear

5 Do, have to wait

6 shouldn't drink

C

1 must wear a suit

2 Should I buy

3 Do I have to return the book

4 must not use your cellphone

5 don't have to worry

6 should call his parents

D

1 He should try one more time.

2 She has to go on a business trip to Europe.

3 Passengers must show their tickets.

4 Should I eat more vegetables?

5 You don't have to bring anything.

6 Does she have to work tomorrow?

ACTUAL TEST

pp.58-60

01 ②		**02** ③		**03** ⑤		**04** ③	
05 ③		**06** ④		**07** ③		**08** ③	

09 (1) can sleep   (2) may move

10 (1) You must not park in front of the shop.
     (2) We don't have to go grocery shopping

11 (1) is able to ski   (2) has to finish

12 (1) can → could
     (2) must not → don't have to

13 (1) Can you play the guitar?
     (2) Yes, I can.

14 (1) Can   (2) should   (3) may

15 (1) must wear   (2) must not feed

16 (1) have to   (2) has to   (3) doesn't have to

17 He may be at the library.

18 (1) can't   (2) must   (3) had to

19 (1) should set an alarm
     (2) shouldn't[should not] stay up too late

20 ⓐ → Can she speak Russian?
     ⓓ → You must not touch the paintings.

01 '~해 줄래?'라고 상대방에게 요청할 때는 Can you ~?로 물을 수 있다.

02 '~해야 한다'는 ③ must를 사용한다. 주어가 복수(Students)이므로 ④ has to는 알맞지 않다.

03 '~할 필요가 없다'는 ⑤ don't have to를 사용한다.

04 ③은 '~해도 좋다(허가)', 나머지는 '~할 수 있다(능력·가능)'의 의미이다.

05 〈보기〉와 ③은 '~일지도 모른다(약한 추측)', 나머지는 '~해도 좋다(허가)'의 의미이다.

06 '~해서는 안 된다(금지)'는 must not을 사용한다. ⑤ don't have to는 '~할 필요가 없다(불필요)'의 의미이다.

07 ① cooks → cook, ② don't must → must not, ④ have to → has to, ⑤ Do I may → May I로 고쳐야 알맞다.

08 ⓑ must have to → must 또는 have to, ⓓ writing → write로 고쳐야 알맞다.

09 (1) '~할 수 있다'는 「can+동사원형」 형태로 쓴다.
     (2) '~일지도 모른다'는 「may+동사원형」 형태로 쓴다.

10 (1) '~해서는 안 된다'는 「must not+동사원형」 형태로 쓴다.
     (2) '~할 필요가 없다'는 「don't have to+동사원형」 형태로 쓴다.

11 (1) '~할 수 있다'는 뜻의 can은 be able to로 바꿔 쓸 수 있다.
     (2) '~해야 한다'는 뜻의 must는 have/has to로 바꿔

쓸 수 있다. 주어가 3인칭 단수(Susie)이므로 has to finish가 알맞다.

12 (1) '~할 수 있었다'는 can의 과거 could를 사용한다.

(2) '~할 필요가 없다'는 don't have to를 사용한다.

13 (1) '~할 수 있니?'는 「Can+주어+동사원형 ~?」형태로 쓴다.

(2) Can you ~?에 대한 긍정의 대답은 Yes, I can이다.

14 (1) '~해 줄래?'라고 상대방에게 요청할 때는 Can you ~?로 물을 수 있다.

(2) '~해야 한다'는 should[must, have to]를 쓸 수 있다.

(3) '~일지도 모른다'는 may를 쓸 수 있다.

15 (1) 수영장에서 수영모와 수경을 써야 한다는 내용이므로 「must+동사원형」 형태로 쓴다.

(2) 새에게 먹이 주는 것을 금지하는 내용이므로 「must not+동사원형」 형태로 쓴다.

16 (1) '~해야 한다'는 have to로 나타낸다.

(2) 주어가 3인칭 단수(Bill)이므로 has to가 알맞다.

(3) '~할 필요가 없다'는 don't have to를 사용한다. 주어가 3인칭 단수(Bill)이므로 doesn't have to가 알맞다.

17 '~일지도 모른다'는 「may+동사원형」 형태로 쓴다.

18 (1) 시력이 좋지 않다고 했으므로 can't(~할 수 없다)가 알맞다.

(2) 밖에 바람이 분다고 했으므로 must(~해야 한다)가 알맞다.

(3) last Friday는 과거를 나타내므로 had to(~했어야 했다)가 알맞다.

19 (1) '~해야 한다'라고 조언할 때는 should를 사용한다.

(2) '~해서는 안 된다'라고 조언할 때는 shouldn't[should not]를 사용한다.

> 해석 A: 무슨 일이야, David?
> B: 나는 항상 수업에 늦어.
> A: 너는 잠자리에 들기 전에 알람을 맞춰 두어야 해.
> B: 그거 좋은 생각이다. 또 뭐가 있니?
> A: 너는 너무 늦게까지 깨어 있으면 안 돼.
> B: 그래, 네 말이 맞는 것 같아.

20 ⓐ can의 의문문은 「Can+주어+동사원형 ~?」형태로 쓴다. (speaks → speak)

ⓓ 조동사 뒤에는 동사원형이 온다. (to touch → touch)

Chapter 04
의문사

UNIT 01 who, what, which

GRAMMAR FOCUS
pp.62-63

EXERCISE A

1 Who	**2** What	**3** What
4 What	**5** Which	**6** Who
7 Which	**8** Who	**9** What

> 해석

1 네가 가장 좋아하는 가수는 누구니?

2 너의 이메일 주소는 무엇이니?

3 그것들은 무엇이니?

4 너는 아침으로 무엇을 먹었니?

5 너는 여름과 겨울 중 어느 계절을 좋아하니?

6 너는 지난주 금요일에 누구를 만났니?

7 너는 피자와 파스타 중 어느 것을 원하니?

8 누가 마지막 케이크 조각을 먹었니?

9 너는 어떤 종류의 음악을 듣니?

EXERCISE B

| **1** Who | **2** Which | **3** What |
| **4** What | **5** Who(m) | **6** What |

> 해석

1 A: 그 남자아이는 누구니?
B: 내 남동생이야.

2 A: 이 코트 중 어느 것이 네 코트니?
B: 회색 코트가 내 거야.

3 A: 네가 가장 좋아하는 음식은 뭐니?
B: 나는 비빔밥을 좋아해.

4 A: 오늘이 며칠이니?
B: 10월 6일이야.

5 A: 너는 길에서 누구를 봤니?
B: 내 친구를 봤어.

6 A: Henry는 뭘 하고 있니?
B: 그는 자기 방에서 공부하고 있어.

EXERCISE C

1 What did you	**2** Who is
3 Which do you	**4** What day is
5 Who painted	**6** Which do you

1 A: 너는 어제 뭘 했니?
　B: 나는 친구들과 쇼핑하러 갔어.
2 A: 너의 영어 선생님은 누구니?
　B: Johns 선생님이 나의 영어 선생님이야.
3 A: 너는 X게임과 Y게임 중 어느 것을 하고 싶니?
　B: 나는 X게임을 하고 싶어.
4 A: 오늘이 무슨 요일이니?
　B: 수요일이야.
5 A: 누가 이 그림을 그렸니?
　B: 내 여동생이 이 그림을 그렸어.
6 A: 너는 노트북과 데스크톱 컴퓨터 중 어느 것을 사용하니?
　B: 나는 노트북을 사용해.

WRITING FOCUS

pp.64-65

A

1 Who is your math teacher?
2 Which do you prefer, coffee or tea?
3 What are you going to do tomorrow?
4 Who do you live with?
5 Who is using the computer?
6 What color is your umbrella?

B

1 Who is
2 What is
3 What did, eat
4 What, does, watch
5 Which room
6 Who came

C

1 Who is his mother?
2 What is your favorite food?
3 Which do you like better, comedies or action movies?
4 What did you buy for her birthday?
5 Who broke the window?
6 What sport is he good at?

D

1 Who made this cake?
2 Which do you want, juice or milk?
3 What is your favorite dessert?
4 Who(m) is Tony talking to?
5 What did he write in the letter?
6 Who won the first prize?

---

when, where, why, how

GRAMMAR FOCUS

pp.66-67

EXERCISE A

1 When
2 Why
3 How
4 Where
5 How
6 How

해석

1 마감일이 언제니?
2 너는 오늘 왜 안경을 쓰고 있니?
3 너는 오늘 기분이 어떠니?
4 너는 지난여름에 어디에 갔었니?
5 이 사원은 얼마나 오래되었니?
6 뉴욕의 날씨는 어떻니?

EXERCISE B

1 When
2 Where
3 How
4 Why
5 How old
6 How many

해석

1 A: 소풍은 언제니?　B: 다음주 금요일이야.
2 A: Ronald는 어디 출신이니?　B: 그는 뉴질랜드 출신이야.
3 A: 해변 여행은 어땠니?　B: 편안했어.
4 A: 어제 그 아이가 왜 울었나요?
　B: 자전거를 잃어버렸어요.
5 A: 너의 언니는 몇 살이니?　B: 열일곱 살이야.
6 A: 너는 책이 몇 권이나 있니?　B: 100권 정도 있어.

EXERCISE C

1 Why did
2 Where did
3 How is
4 How did
5 How often do
6 When does

해석

1 A: 너는 왜 그 도시에 갔니?
　B: 나의 삼촌을 보고 싶어서.
2 A: 그는 샌프란시스코에서 어디에 묵었니?
　B: 호텔에 묵었어.
3 A: 너의 할머니는 어떠시니?
　B: 괜찮으셔. 물어봐 줘서 고마워.
4 A: 너는 부산까지 어떻게 갔니?
　B: 나는 거기에 비행기를 타고 갔어.
5 A: 그들은 얼마나 자주 여기에 오니?
　B: 그들은 일주일에 한 번씩 여기에 와.
6 A: 그 식당은 몇 시에 문을 여니?
　B: 그곳은 9시에 문을 열어.

WRITING FOCUS

pp.68-69

A

1 Why did he leave early?

2 When are you going to meet him?

3 Why was the bus late?

4 Where did he go last week?

5 How did you find out the news?

6 How long did you wait for me?

B

1 When did, start   **2** Where can, buy

3 Why are   **4** Why do, learn

5 How was your trip   **6** How often do, clean

C

1 How was your weekend?

2 Why did she skip her class?

3 How did he fix the car?

4 When will they arrive?

5 Where are they now?

6 How long is the bridge?

D

1 Where did you buy those shoes?

2 Why are you running?

3 When did you go to the dentist?

4 Where are you from?

5 How old is your brother?

6 How many pens do you have?

ACTUAL TEST

pp.70-72

01 ③   **02** ⑤   **03** ③   **04** ③

05 ④   **06** ②   **07** ④   **08** ③

09 (1) When   (2) Who   (3) Which

10 (1) Why are the children laughing?
(2) What time does the bus leave?

11 How

12 (1) Who(m) did Ann meet yesterday?
(2) How many close friends does Eric have?

13 (1) are → do   (2) left → leave

14 (1) Where does she work?
(2) What is he reading?

15 (1) How tall   (2) How long   (3) How far

16 (1) Where is   (2) What is

17 (1) How often   (2) What

18 (1) When does the library close
(2) How many books can I borrow

19 (1) How   (2) Which

20 What did you do there?

01 이름을 물어볼 때는 의문사 What(무엇)을 쓴다.

02 A or B를 묻는 선택의문문은 Which(어느 것)를 쓴다.

03 장소를 묻는 질문이므로 ③이 알맞다.

04 빈도를 묻는 질문이므로 ③이 알맞다.

05 ④ 무슨 영화를 보았는지를 묻는 질문에 영화가 어땠는 지를 말하는 것은 어색하다.

06 콘서트에 대한 느낌을 답했으므로 ② '그것은 어땠니?'라고 묻는 것이 알맞다.

07 ⓐ는 How, ⓑ는 Who, ⓒ는 Where, ⓓ는 Who(m), ⓔ 는 What을 써야 알맞다.

08 ⓐ you are → are you, ⓓ the train will → will the train으로 고쳐야 알맞다.

09 (1) 때에 대해 답했으므로 의문사 When이 알맞다.
(2) 누가 먹었는지를 답했으므로 의문사 Who가 알맞다.
(3) 정해진 것 중 하나를 골라서 답했으므로 의문사 Which 가 알맞다.

10 (1) be동사가 있는 문장은 「의문사+be동사+주어 ~?」 형태로 쓴다.
(2) 일반동사가 있는 문장은 「의문사+do[does, did]+ 주어+동사원형 ~?」 형태로 쓴다.

11 교통수단은 How, 빈도는 How often을 써서 묻는다.

12 (1) '누구를 ~'은 Who(m)을 쓰고, 일반동사가 있는 문장은 「의문사+do[does, did]+주어+동사원형 ~?」 형태 로 쓴다.
(2) 수를 묻는 질문은 「How many+복수 명사」를 쓰고, 일반동사가 있는 문장은 「의문사+do[does, did]+ 주어+동사원형 ~?」 형태로 쓴다.

13 일반동사가 있는 문장은 「의문사+do[does, did]+주어 +동사원형 ~?」 형태로 쓴다.

14 (1) 일하는 장소에 대해 답했으므로 '그녀는 어디서 일하 니?'라고 묻는다.
(2) 무엇을 읽고 있는지 답했으므로 '그는 무엇을 읽고 있 니?'라고 묻는다.

15 (1) 키나 높이는 How tall ~?로 묻는다.
(2) 기간은 How long ~?으로 묻는다.
(3) 거리는 How far ~?로 묻는다.

16 (1) 장소에 대해 답했으므로 'Tom은 어디에 있니?'라고 묻 는다.
(2) 무엇을 하고 있는지 답했으므로 '그는 무엇을 하고 있 니?'라고 묻는다.

17 (1) 빈도는 How often으로 묻는다.
(2) 요일은 What day로 묻는다.

18 (1) 일반동사가 있는 문장은 「의문사+do[does, did]+ 주어+동사원형 ~?」 형태로 쓴다.
(2) 조동사가 있는 문장은 「의문사+조동사+주어+동사원 형 ~?」 형태로 쓴다.

<u>해석</u>   A: 실례합니다. 도서관은 언제 문을 닫나요?
B: 도서관은 오후 6시에 문을 닫아요.

A: 책을 몇 권이나 빌릴 수 있나요?

B: 한 번에 다섯 권까지 빌릴 수 있어요.

[19-20]

해석 A: 안녕, Kate. 하와이 여행은 어땠어?

B: 환상적이었어. 나는 거기서 정말 좋은 시간을 보냈어.

A: 너는 어느 섬에 갔었니?

B: 오아후 섬에 갔어.

A: 너는 거기서 무엇을 했니?

B: 스노클링을 하러 가서 많은 물고기와 바다거북들을 봤어.

A: 정말 멋지다!

19 (1) 여행이 어땠는지 묻고 있으므로 How가 알맞다.

(2) 하와이 섬들 중 어느 섬에 갔는지를 묻고 있으므로 Which가 알맞다. Where는 뒤에 명사(island)를 쓸 수 없으며, 부사(구)를 대신하므로 전치사 to의 목적어가 될 수 없다.

20 '무엇을' 했는지 물었으므로 의문사 What을 써서 「What +did+주어+동사원형 ~?」 형태로 쓴다.

Chapter 05
명사와 관사

셀 수 있는 명사와 셀 수 없는 명사

GRAMMAR FOCUS
pp.74-75

EXERCISE A

1 buses
2 foxes
3 churches
4 dishes
5 potatoes
6 countries
7 monkeys
8 leaves
9 feet
10 fish

EXERCISE B

1 a cup of
2 two bottles of
3 two pieces of
4 three glasses of
5 two loaves of
6 a bowl of
7 a piece of
8 three slices of

EXERCISE C

1 chairs
2 women
3 tomatoes, carrots
4 sheep
5 geese
6 coffee
7 time
8 advice

해석

1 우리는 의자가 두 개 있다.

2 여자 두 명이 방에 있다.

3 그들은 약간의 토마토와 당근을 재배한다.

4 양 세 마리가 저기 있다.

5 그 농부는 거위 다섯 마리가 있다.

6 커피 좀 드시겠어요?

7 나는 시간이 많지 않다.

8 내가 너에게 몇 가지 조언을 해 줄게.

WRITING FOCUS
pp.76-77

A

1 We saw three mice.

2 His hands and feet are big.

3 He visited four cities.

4 We bought three shelves.

5 He drank two cups of coffee.

6 A child needs love.

B

1 cat, dogs
2 two toys
3 Five fish
4 Beauty
5 two slices of toast
6 three bottles of water

C

1 has three wishes

2 invited two friends

3 posted two photos

4 flour and salt

5 two pieces[slices] of cake

6 Money doesn't[does not] grow

D

1 They have two babies.

2 I don't like potatoes.

3 Two men are standing at the door.

4 Time is money.

5 I wish you good luck.

6 He ate two bowls of rice.

명사의 수량 표현, There is/are

GRAMMAR FOCUS
pp.78-79

EXERCISE A

1 much
2 many
3 a few

4 any   **5** some   **6** is

7 are

1 그는 돈을 많이 벌지 못한다.

2 그는 전 세계의 많은 나라들을 방문했다.

3 나는 고대 역사에 관한 책을 몇 권 가지고 있다.

4 그녀는 달걀을 조금도 먹지 않는다.

5 아이스크림 좀 드시겠어요?

6 나무에 새 한 마리가 있다.

7 공원에 다람쥐가 많이 있다.

EXERCISE B

1 few   **2** much   **3** little

4 ○   **5** few   **6** ○

7 some   **8** any   **9** are

10 ○

해석

1 그는 친구가 몇 명 있다.

2 우리는 시간이 많지 않다.

3 그는 목에 약간의 통증을 느꼈다.

4 너는 어제 몇 시간을 공부했니?

5 그녀에게는 몇 가지 문제가 있다.

6 Judy가 나에게 초콜릿을 좀 주었다.

7 땅콩 좀 드시겠어요?

8 Jerry는 고기를 조금도 먹지 않는다.

9 하늘에 별이 많이 있다.

10 냉장고에 우유가 좀 있다.

EXERCISE C

1 a lot of   **2** Few

3 a little   **4** any

5 some   **6** There is

7 There are

WRITING FOCUS

pp.80-81

A

1 He made many mistakes

2 We don't have much information

3 Christina has a few friends

4 There is little furniture

5 I drank some orange juice

6 There are two computers

B

1 Many people   **2** much time

3 a few days   **4** little money

5 some ice water   **6** any advice

C

1 has many[a lot of, lots of] friends

2 don't[do not] want any money

3 has few customers

4 has little free time

5 There is a mirror

6 There are five dishes

D

1 It didn't take much time.

2 How many hours did you sleep last night?

3 Few children like spinach.

4 There aren't any clouds in the sky.

5 Would you like some cake?

6 There are still some empty seats.

UNIT 03 관사

GRAMMAR FOCUS

pp.82-83

EXERCISE A

1 a   **2** an   **3** an

4 a   **5** an   **6** a

7 a   **8** a

EXERCISE B

1 an   **2** The   **3** ×

4 the   **5** The   **6** ×

7 ×   **8** ×   **9** ×

10 the   **11** the   **12** ×

해석

1 그녀는 영어 선생님이다.

2 소파에 있는 고양이는 귀엽다.

3 Nick은 수학을 잘한다.

4 그 우주 비행사는 달에 갔다.

5 나는 한 소녀를 만났다. 그 소녀는 아홉 살이었다.

6 우리는 택시로 공항에 갔다.

7 그는 감옥에 있다. 그는 끔찍한 일을 했다.

8 그녀는 테니스를 치니?

9 너는 몇 시에 점심을 먹었니?

10 Liam은 피아노를 아주 잘 친다.

11 그들은 부엌에서 요리를 하고 있다.

12 나의 아버지는 중국에서 일하신다.

EXERCISE C

1 the   **2** a   **3** the

4 the	**5** The	**6** an
7 the	**8** The	**9** ×
10 ×		

해석

1 너는 메인 가에 있는 제과점을 아니?

2 우리는 한 달에 두 번 동아리 모임을 갖는다.

3 나의 형은 기타를 칠 수 있다.

4 너는 라디오를 듣니?

5 지구는 둥글다.

6 Tom은 아침에 달걀 한 개를 먹는다.

7 나는 인터넷에서 책 한 권을 주문했다.

8 탁자 위에 있는 돈은 Bill의 것이다.

9 Amy는 오전 7시 30분에 학교에 간다.

10 우리가 거기에 버스로 갈 수 있니?

WRITING FOCUS
pp.84-85

A

1 The man is a dentist.

2 I go swimming twice a week.

3 I have a good idea.

4 He plays the drums in a band.

5 We have dinner at 7 o'clock.

6 Sally goes to school by bus.

B

1 a book	**2** an hour	**3** The water
4 The sky	**5** the viola	**6** by car

C

1 is a student

2 picked an apple

3 surfed the Internet

4 plays badminton

5 don't[do not] go to church

6 teaches history

D

1 Bali is an island in Indonesia.

2 The contest takes place once a year.

3 We already had breakfast.

4 They play soccer after school.

5 My brother plays the violin.

6 We went to Japan by plane.

ACTUAL TEST
pp.86-88

01 ④	**02** ⑤	**03** ②	**04** ②
05 ①	**06** ⑤	**07** ②	**08** ①

09 (1) He ate two sandwiches for lunch.
  (2) There are three mice in the cage.

10 two pairs of jeans

11 ⓓ → bread

12 (1) an (2) a (3) the

13 (1) I had a bowl of cereal for breakfast.
  (2) There is some rice in the rice cooker.

14 (1) fishes → fish (2) the soccer → soccer

15 (1) a few (2) a little

16 (1) two slices of (2) a glass of

17 (1) some pictures (2) any ice

18 (1) a (2) ×

19 a little salt

20 milks → milk

01 -fe로 끝나는 명사는 fe를 v로 고치고 -es를 붙인다. ④ knife → knives

02 ⑤ uniform은 반자음 [j]로 시작하므로 앞에 a를 쓴다.

03 셀 수 있는 단수 명사를 처음 말할 때는 a/an을 쓰고, 앞에서 언급한 명사 앞에는 The를 쓴다. kitten은 자음으로 시작하므로 ④는 알맞지 않다.

04 some과 any는 셀 수 있는 명사의 복수형과 셀 수 없는 명사 앞에 모두 쓸 수 있다. 이때 some은 긍정문에서, any는 부정문과 의문문에서 주로 쓰인다.

05 few는 '거의 없는'의 의미로 셀 수 있는 명사(friends)와 함께 쓰인다.

06 ① is → are, ② is → are, ③ are → is, ④ are → is로 고쳐야 알맞다.

07 ② 교통수단은 관사 없이 「by+교통수단」으로 나타낸다.

08 ⓒ much → many, ⓔ apple → apples, strawberry → strawberries로 고쳐야 알맞다.

09 (1) a를 two로 바꾸면 sandwich는 sandwiches가 된다.
  (2) a를 three로 바꾸면 mouse는 복수형인 mice가 되고 is는 are가 된다.

10 '청바지 두 벌'은 two pairs of jeans이다.

11 '빵 세 개(덩어리)'는 three loaves of bread이다.

12 (1) elephant는 모음 [e]로 시작하므로 앞에 an을 쓴다.
  (2) '일주일에 두 번'은 twice a week이다.
  (3) 연주하는 악기 앞에는 the를 쓴다.

13 '시리얼 한 그릇'은 a bowl of cereal이다.
  (2) '~이 있다'는 「There is/are+주어」로 나타낸다.

14 (1) fish는 단수형과 복수형의 형태가 같다. (a fish, two fish, many fish...)

(2) 운동 앞에는 관사를 쓰지 않는다.

15 (1) '약간의, 조금의'의 의미로 셀 수 있는 명사의 복수형 (days) 앞에 올 수 있는 것은 a few이다.

(2) '약간의, 조금의'의 의미로 셀 수 없는 명사(milk) 앞에 올 수 있는 것은 a little이다.

16 (1) '(삼각형 모양으로 얇게 자른) 피자 두 조각'은 two slices of pizza이다. 앞에 two가 있으므로 단위 명사 slice는 복수형인 slices로 쓴다.

(2) '~ 한 잔'은 a glass of로 나타낸다.

해석 A: 점심으로 무엇을 먹었니?

B: 나는 피자 두 조각과 레모네이드 한 잔을 먹었어.

17 (1) 긍정문에는 some을 쓰고, some 뒤에 셀 수 있는 명사가 오는 경우 복수형을 쓴다.

(2) 부정문에서는 any를 쓰고, ice는 셀 수 없는 명사로 단수형으로만 쓴다.

18 (1) 직업을 나타낼 때는 a/an을 쓴다. high는 자음 [h]로 시작하므로 앞에 a를 쓴다.

(2) 과목 앞에는 관사를 쓰지 않는다.

해석 A: 무슨 일을 하세요?

B: 저는 고등학교 교사입니다.

A: 무슨 과목을 가르치세요?

B: 과학을 가르칩니다.

[19-20]

해석 　　　　　　　팬케이크 만드는 법

먼저, 큰 그릇에 밀가루 세 컵을 넣으세요. 그리고 약간의 소금을 넣으세요.

둘째, 팬케이크 반죽을 위해 우유 두 컵과 달걀 두 개를 추가하세요.

셋째, 프라이팬을 달구고 반죽을 부으세요. 그것이 갈색이 될 때까지 익히세요.

19 a little은 '약간의, 조금의'의 의미로 셀 수 없는 명사와 함께 쓰인다. salt는 셀 수 없는 명사로 단수형으로 쓴다.

20 milk는 셀 수 없는 명사로 단수형으로 쓴다.

Chapter 06
대명사

UNIT 01 지시대명사, 비인칭 주어 it

GRAMMAR FOCUS
pp.90-91

EXERCISE A

1 This　　　**2** These　　　**3** those

4 It　　　　　**5** it　　　　　**6** These

7 That　　　　**8** It　　　　　**9** This

10 Those

해석

1 이 책은 흥미롭다.

2 이것들은 내 펜이다.

3 저 새들을 봐.

4 오늘은 바람이 많이 분다.

5 지금 몇 시니?

6 이 옷들은 비싸다.

7 저 차는 그의 것이다.

8 오늘은 Kate의 생일이다.

9 이쪽은 내 사촌 Mark야.

10 저 바지는 나에게 너무 작다.

EXERCISE B

1 This　　　**2** These　　　**3** that

4 those　　　**5** it　　　　　**6** It

EXERCISE C

1 It is December 10.

2 Look at those flowers.

3 This window is too dirty.

4 It is Sunday today.

5 Whose computer is this?

6 Those students are in my class.

해석

1 12월 10일이다.

2 저 꽃들을 봐. 그것들은 예뻐.

3 이 창문은 너무 더러워. 청소가 필요해.

4 오늘은 일요일이잖아. 나가서 재미있게 보내렴.

5 이것은 누구의 컴퓨터니? 그것은 비싸 보여.

6 저 학생들은 우리 반이다. 그들은 모두 착하다.

WRITING FOCUS
pp.92-93

A

1 It is cold today.

3 This is not my car.

2 These books are difficult.

4 That dog is brown.

5 Those are my parents.

6 What date is it today?

B

1 that house　　　**2** these glasses

3 Those cookies　　**4** This drink

5 That man　　　　**6** It is dark

C

1 It is 8:00 p.m.

2 It is windy

3 This is my father's watch.

4 These are my favorite songs.

5 That is my violin.

6 Those are my sister's toys.

D

1 What time is it now?

2 Those are my textbooks.

3 It is May 5.

4 This is my friend, Nancy.

5 What are those children doing?

6 I like this shirt.

UNIT 02 인칭대명사, 재귀대명사

GRAMMAR FOCUS
pp.94-95

EXERCISE A

1 your	2 it	3 hers
4 our	5 mine	

해석

1 나는 너의 가장 친한 친구이다.

2 이것은 낡은 의자이지만, 나는 그것을 좋아한다.

3 그 공책은 그녀의 것이다.

4 Steven은 우리의 새 이웃이다.

5 네 펜 좀 빌릴 수 있니? 내 것을 잃어버렸어.

EXERCISE B

1 themselves	2 myself
3 ourselves	4 himself
5 yourselves	6 herself
7 themselves	8 himself
9 yourself	10 itself

해석

1 그들은 경기 중에 다쳤다.

2 나는 요리를 하다가 베었다.

3 우리는 자신을 믿어야 한다.

4 그는 그 실수에 대해 자신을 비난했다.

5 여러분, 마음껏 드세요!

6 그녀는 거울 속 자신을 보고 있다.

7 Jack과 Susan은 파티에서 즐거운 시간을 보냈다.

8 그 남자는 그 방을 직접 칠했다.

9 Peter, 네가 이 쿠키들을 직접 만들었니?

---

10 음식 자체는 훌륭했지만, 그것은 너무 비쌌다.

EXERCISE C

1 She, them	2 it, my
3 His, hers	4 us, him
5 She, herself	6 They, themselves

WRITING FOCUS
pp.96-97

A

1 The shoes are mine.

2 I invited him and his wife.

3 Did you enjoy your trip?

4 We built the house ourselves. / We ourselves built the house.

5 She was proud of herself.

6 Some people don't love themselves.

B

1 me	2 our, him
3 His, hers	4 She, herself
5 He, himself	6 We, ourselves

C

1 Sally and I are best friends.

2 We know him well.

3 The computer is theirs.

4 I made it myself. / I myself made it.

5 She hurt herself.

6 They introduced themselves.

D

1 I see him every morning.

2 The blue car is theirs.

3 Her house is next to mine.

4 I fixed the bike myself.

5 She only cares about herself.

6 My brother and I enjoyed ourselves.

ACTUAL TEST
pp.98-100

01 ③	02 ③	03 ④	04 ⑤
05 ③	06 ②	07 ③	08 ②

09 (1) us (2) Their (3) yours

10 (1) The boy is playing with his dog.
(2) I invited them to my party.

11 (1) their (2) Its (3) them

12 It is warm and sunny

13 (1) These questions are
(2) She looked at herself

14 (1) This → It   (2) My → Mine

15 (1) this   (2) mine

16 (1) herself   (2) ourselves

17 (1) these   (2) myself   (3) me

18 She introduced herself

19 (1) Her   (2) his   (3) their   (4) my

20 ⓑ → themselves

01 loves의 목적어 자리이므로 ③ me가 알맞다.

02 '너의 것(이름)'을 의미하는 대명사가 와야 하므로 소유격 대명사 ③ yours가 알맞다.

03 첫 번째 빈칸은 boots를 가리키는 지시대명사인 these 또는 those가 올 수 있고, 두 번째 빈칸은 bought의 목적어 자리이므로 목적격 대명사 them이 알맞다.

04 '혼잣말을 하다'는 talk to oneself이다. 주어와 목적어가 같으므로 목적어 자리에 재귀대명사 himself를 쓴다.

05 ①②④⑤는 소유격(그녀의), ③은 목적격(그녀를)이다.

06 〈보기〉와 ①③④⑤는 비인칭 주어 it, ②는 '그것'을 의미하는 인칭대명사이다.

07 ① itself → it 또는 himself, ② myself → me 또는 herself, ④ yourself → you 또는 myself, ⑤ themself → themselves로 고쳐야 알맞다.

08 ⓐ myself → me 또는 himself ⓒ ourselves → us, ⓔ myselves → ourselves로 고쳐야 알맞다.

09 (1) teaches의 목적어 자리이므로 목적격 us가 알맞다.
(2) 명사 앞에는 소유격(~의)이 쓰인다. 따라서 Their가 알맞다.
(3) '너의 것'을 의미해야 하므로 소유대명사 yours가 알맞다.

10 (1) dog 앞에 his가 쓰여야 하므로 the boy를 주어로 해서 문장을 만든다.
(2) 동사가 invited이므로 I를 주어, them을 목적어로 해서 문장을 만든다.

11 (1) The girls를 대신하는 소유격은 their이다.
(2) a dog를 대신하는 소유격은 Its이다.
(3) Kate and Tim을 대신하는 목적격은 them이다.

12 시간, 날짜, 요일, 날씨, 명암, 거리 등이 '~이다'라고 말할 때는 비인칭 주어 It을 주어로 사용한다.

13 (1) questions가 복수이므로 지시형용사 These를 쓴다.
(2) 주어(She)와 목적어가 같으므로 목적어 자리에 herself를 쓴다.

14 (1) 시간은 비인칭 주어 It을 주어로 사용한다.
(2) '나의 것'은 소유대명사 Mine으로 나타낸다.

15 (1) your coat를 가리키는 지시대명사가 와야 하므로 this가 알맞다.

(2) '나의 것'을 의미하는 대명사가 와야 하므로 mine이 알맞다.

16 (1) 주어가 She이므로 재귀대명사는 herself가 알맞다.
(2) 주어가 We이므로 재귀대명사는 ourselves가 알맞다.

17 (1) 뒤에 복수 명사가 이어지므로 지시형용사 these가 알맞다.
(2) '직접, 스스로'라는 의미로 주어를 강조할 때 재귀대명사를 쓴다. 주어가 I이므로 myself가 알맞다.
(3) taught의 목적어 자리이면서 주어가 My mom이므로 목적격 me가 알맞다.

> **해석** A: 누가 이 쿠키들을 만들었니?
> B: 내가 직접 그것들을 만들었어.
> A: 정말? 그것들은 맛있어. 어떻게 만들었니?
> B: 엄마가 나에게 그것들을 만드는 방법을 가르쳐 주셨어.

18 '그녀는 그 반에 자신을 소개했다'의 의미이므로 she를 주어로, 목적어를 herself로 써서 문장을 만든다.

19 (1) 명사 앞에는 소유격 Her가 알맞다.
(2) '그의 것'을 의미하는 대명사는 his이다.
(3) '그들의'를 의미하는 대명사는 their이다.
(4) '나의'를 의미하는 대명사는 my이다.

20 주어(cats)와 목적어가 같을 때는 목적어 자리에 재귀대명사를 써야 한다.

> **해석** A: Susan, 너는 애완동물이 있니?
> B: 응, 고양이가 두 마리가 있어.
> A: 그들을 얼마나 자주 목욕시키니?
> B: 한 달에 한 번 정도. 사실, 고양이들은 매일 스스로를 청결히 해서 규칙적인 목욕이 필요하지는 않아.

Chapter 07
형용사, 부사, 비교

UNIT 01 형용사와 부사

GRAMMAR FOCUS
pp. 102-103

EXERCISE A

1 beautiful   **2** nice
3 fluently   **4** hard
5 late   **6** something sweet

> **해석**
> **1** 그녀는 아름다운 목소리를 가졌다.

2 내 이웃은 나에게 친절하다.

3 Phil은 한국어를 유창하게 한다.

4 Simpson 씨는 매일 열심히 일한다.

5 Tom은 어제 늦게 집에 왔다.

6 나는 달콤한 것을 먹고 싶다.

EXERCISE B

1 carefully **2** quietly **3** fast

4 happily **5** high **6** well

해석

1 조심히 운전하세요.

2 그녀는 내 귀에 조용히 속삭였다.

3 나의 할머니는 빨리 걸으실 수 없다.

4 그 왕자와 공주는 그 후로도 계속 행복하게 살았다.

5 그 드론은 하늘 높이 날고 있다.

6 나의 반 친구는 농구를 아주 잘한다.

EXERCISE C

1 is usually talkative

2 often drives to work

3 will never help me

4 Is he always rude

5 Do you sometimes cook

해석

1 Carl은 보통 말이 많다.

2 Brown 선생님은 자주 운전해서 출근하신다.

3 그는 결코 내 숙제를 도와주지 않을 것이다.

4 그는 항상 사람들에게 무례하니?

5 너는 가끔 네 가족을 위해 요리하니?

WRITING FOCUS
pp.104-105

A

1 I bought a yellow shirt.

2 He became a famous actor.

3 We heard something surprising.

4 He swims very well.

5 She went to bed early.

6 Jacob is never late for school.

B

1 straight hair **2** very noisy

3 someone interesting **4** happily sang

5 studied hard **6** don't usually eat

C

1 is an excellent pianist

2 did something wrong

3 drives safely

4 arrived late

5 often smiles

6 will always do my best

D

1 My brother was a great student.

2 We need someone smart.

3 She completed the puzzle easily.

4 Can you cook well?

5 The kite flew high in the sky.

6 I am always tired after school.

UNIT
02 비교

GRAMMAR FOCUS
pp.106-107

EXERCISE A

1 older, oldest

2 nicer, nicest

3 prettier, prettiest

4 healthier, healthiest

5 bigger, biggest

6 thinner, thinnest

7 better, best

8 worse, worst

9 more famous, most famous

10 more important, most important

EXERCISE B

1 better **2** cuter

3 more slowly **4** happier

5 best **6** funny

7 expensive **8** most popular

9 more interesting **10** worst

11 heavier **12** fastest

해석

1 내 손 글씨가 그녀의 것보다 더 낫다.

2 나의 강아지가 너의 것보다 더 귀엽다.

3 Jiwon은 나보다 더 천천히 걷는다.

4 그는 어제보다 더 행복해 보인다.

5 Sam은 그 축구팀에서 최고의 선수이다.

6 Mark는 Liam만큼 재미있다.

7 닭고기는 소고기만큼 비싸지 않다.

8 Jane은 그녀의 반에서 가장 인기 있는 소녀이다.

9 나는 서핑이 스노클링보다 더 재미있다.

10 나는 나의 반에서 가장 나쁜 점수를 받았다.

11 그 책장은 그 탁자보다 더 무겁다.

12 치타는 세계에서 가장 빠른 동물이다.

EXERCISE C

1 clever	**2** well
3 easier	**4** longest
5 coldest	**6** tallest
7 more expensive	**8** harder
9 important	**10** more difficult
11 cheapest	**12** good

해석

1 그의 형은 그만큼 영리하다.

2 Jane은 Mike만큼 영어를 잘한다.

3 문자 메시지는 이메일보다 더 쉽다.

4 이것은 프랑스에서 가장 긴 강이다.

5 1월은 일 년 중 가장 추운 달이다.

6 Julian은 셋 중에서 가장 키가 크다.

7 그녀의 휴대폰은 그의 것보다 더 비싸다.

8 Jimin은 다른 누구보다 더 열심히 공부한다.

9 친구들은 나에게 가족만큼이나 중요하다.

10 이 퍼즐은 저것보다 더 어렵다.

11 그 은반지는 그 모든 반지 중에서 가장 저렴하다.

12 그 호텔의 서비스는 그곳의 평점만큼이나 좋았다.

WRITING FOCUS

pp.108-109

A

1 is the highest mountain in South Korea

2 can run faster than Jisoo

3 is more popular than his brother

4 is as interesting as the book

5 cooks better than me

6 is the most difficult subject

B

1 more important than

2 better than

3 the most interesting book

4 older than

5 as soon as

6 the biggest house

C

1 is the most crowded city in Korea

2 is the shortest student of the three

3 is worse than the other one

4 is fatter than hers

5 are as good as mine

6 is more beautiful than Austria

D

1 Tom is as tall as Brad.

2 Your steak is bigger than mine.

3 This Italian restaurant is more famous than that one.

4 My dad's pasta tastes better than this.

5 London is the most expensive city in England.

6 Emily is the prettiest girl in the class.

ACTUAL TEST

pp.110-112

01 ③	**02** ③	**03** ②	**04** ④
05 ②	**06** ②	**07** ⑤	**08** ③

09 (1) heavily (2) carefully

10 (1) She had a happy childhood.
(2) Ted can cook Thai food well.

11 (1) My teacher is always kind to every student.
(2) We often play soccer together on Saturdays.

12 (1) easy → easily (2) earlily → early

13 I want something special

14 (1) hotter (2) more difficult (3) better

15 (1) cleaner than (2) the best singer

16 as high as

17 (1) younger than (2) as heavy as
(3) the tallest

18 (1) as long as (2) longer than

19 ⓓ → the luckiest

20 cheap → cheaper

01 ③ nicely(멋지게, 친절하게)는 부사로 명사(car)를 수식할 수 없다.

02 ③ lovely(사랑스러운)는 형용사로 동사(sang)를 수식할 수 없다.

03 than 앞에는 비교급이 와야 하므로 bright의 비교급인 ② brighter가 알맞다.

04 '~이 있다'는 「There is/are+주어」로 나타내고, -thing 으로 끝나는 말은 「-thing+형용사」 어순으로 쓴다. (There is something wrong with my computer.)

05 빈도부사는 be동사 뒤에 쓰이므로 ②가 알맞다.

06 '~보다 더 …한/하게'는 「비교급+than」으로 나타내고, fast는 형용사와 부사의 형태가 같으므로 비교급은 faster 를 쓴다.

07 ① perfect(완벽한) → perfectly(완벽하게), ② hardly(거의 ~않다) → hard(열심히), ③ slow(느린) → slowly(느리

08 ⓐ as shorter as → as short as, ⓓ the most smartest → the smartest로 고쳐야 알맞다.

09 (1) 동사 snowed를 수식하므로 heavy의 부사형인 heavily(심하게, 아주 많이)가 알맞다.

(2) 동사 drive를 수식하므로 careful의 부사형인 carefully(조심히)가 알맞다.

10 (1) '행복한 어린 시절'은 형용사 happy를 사용한다.

(2) '잘 요리하다'는 부사 well을 사용한다.

11 (1) 빈도부사는 be동사 뒤에 쓰이므로 always는 is 뒤에 온다.

(2) 빈도부사는 일반동사 앞에 쓰이므로 often은 play 앞에 온다.

12 (1) 'Eric은 무언가를 쉽게(잘) 잊어 버린다'라는 의미이므로 부사 easily가 알맞다.

(2) early(이른, 일찍)는 형용사와 부사의 형태가 같다.

13 -thing으로 끝나는 말은 「-thing+형용사」 어순으로 쓴다

14 (1) than 앞에는 비교급이 와야 하며, hot의 비교급은 hotter이다.

(2) difficult의 비교급은 more difficult이다.

(3) good의 비교급은 well이다.

15 (1) '~보다 더 …한/하게'는 「비교급+than」으로 나타낸다.

(2) '가장 ~한/하게'는 「the+최상급」으로 나타낸다.

16 동등한 두 대상을 비교할 때는 「as+원급+as」를 쓴다.

17 (1) Mark는 Sean보다 더 어리므로 younger than이 알맞다.

(2) Sean은 Mark와 체중이 같으므로 as heavy as가 알맞다.

(3) Peter는 셋 중 키가 가장 크므로 the tallest가 알맞다.

18 (1) '~만큼 …하지 않은'은 「not as+원급+as」로 나타낸다.

(2) '~보다 더 …한'은 「비교급+than」으로 나타낸다.

19 lucky의 최상급은 the luckiest이다.

20 마지막 말에서, than 앞에는 비교급이 와야 하므로 cheap의 비교급인 cheaper를 써야 한다.

> 해석 A: 저 드레스들 좀 봐. 정말 예뻐.
>
> B: 그래, 맞아. 어느 것을 사고 싶니?
>
> A: 나는 빨간색을 사고 싶어. 다른 것들보다 더 예쁘고 더 저렴하잖아.

Chapter 08
to부정사와 동명사

UNIT 01 to부정사의 명사적 용법

GRAMMAR FOCUS
pp.114-115

EXERCISE A

1 to study **2** to buy **3** to live
4 to have **5** to travel **6** to send
7 is **8** to book

해석

1 Mike의 바람은 해외로 유학하는 것이다.
2 나는 새 옷을 몇 벌 사야 한다.
3 나의 꿈은 바다 옆에 사는 것이다.
4 애완동물을 키우는 것은 쉽지 않다.
5 그들은 일본으로 여행하기로 계획했다.
6 Daniel은 그녀에게 편지를 보내기로 결심했다.
7 친구들과 시간을 보내는 것은 즐겁다.
8 여행 전에 호텔방을 예약하는 것이 필요하다.

EXERCISE B

1 to play **2** to eat **3** to go
4 to get **5** to save **6** to finish
7 to live **8** to visit

해석

1 친구들과 보드게임을 하는 것은 재미있다.
2 매일 과일과 채소를 먹는 것은 건강에 좋다.
3 우리는 내년 여름에 여행을 가기를 희망한다.
4 그의 소원은 그 시험에서 좋은 성적을 받는 것이다.
5 미래를 위해 돈을 저축하는 것은 현명하다.
6 그녀의 계획은 오늘 자신의 숙제를 끝내는 것이다.
7 내 꿈은 언젠가 하와이에서 사는 것이다.
8 Olivia는 뉴욕에 있는 친척들을 방문할 계획이었다.

EXERCISE C

1 to speak **2** to learn **3** to go
4 to come **5** to be **6** to see
7 to pass

WRITING FOCUS
pp.116-117

A

1 not good to eat too many sweets
2 important to be on time

3 My goal is to become

4 decided to buy the car

5 Her plan is to travel

6 He agreed to visit there

B

1 It, to keep   **2** tries to help

3 is to become   **4** is to win

5 decided to save   **6** want to be

C

1 is necessary to exercise

2 is to become a robotics engineer

3 is to have his own house

4 like to go to the beach

5 failed to win the game

6 decided to learn a foreign language

D

1 I planned to leave for Boston last month.

2 My wish is to become a movie star.

3 It is not easy to learn a new sport.

4 I promised to buy some flowers for her.

5 To watch insects is interesting.

6 You need to have breakfast every day.

UNIT 02 to부정사의 형용사적, 부사적 용법

GRAMMAR FOCUS

pp.118-119

EXERCISE A

1 to think   **2** something to drink

3 read   **4** important to tell

5 anybody to call   **6** to meet

7 something to discuss **8** to eat

9 anything interesting **10** to go

해석

1 나는 그것에 대해 생각할 시간이 이틀 있다.

2 나에게 마실 것 좀 줄 수 있니?

3 Erin은 읽을 잡지가 많이 있다.

4 나는 너에게 말할 중요한 것이 있어.

5 그녀는 전화할 사람이 아무도 없다.

6 나는 주말에 만날 친구가 아무도 없다.

7 나는 너와 논의할 것이 있어.

8 냉장고에 먹을 것이 아무것도 없다.

9 여기서 할 만한 재미있는 것이 있니?

10 Kelly는 은행에 갈 시간이 없었다.

EXERCISE B

1 to learn   **2** to invite   **3** to see

4 to be   **5** to lose   **6** to pick up

7 to ask   **8** to miss

해석

1 내 여동생은 스페인어를 배우기 위해 멕시코에 갔다.

2 그는 나를 자신의 생일 파티에 초대하기 위해 전화했다.

3 나는 그 콘서트에서 Mary를 만나서 기뻤다.

4 그는 자라서 교수가 되었다.

5 Bob은 체중을 줄이기 위해 매일 운동한다.

6 그는 자신의 휴대폰을 가지러 집으로 돌아갔다.

7 Mike는 질문을 하기 위해 손을 들었다.

8 Tiffany는 그 기회를 놓쳐서 슬펐다.

EXERCISE C

1 He had a picture (V) show me.

2 Do you have something (V) do now?

3 She is making something delicious (V) eat.

4 My brother went to Harvard (V) study law.

5 Jane was surprised (V) hear the news.

6 He grew up (V) be a police officer.

7 I was glad (V) get your Christmas card.

WRITING FOCUS

pp.120-121

A

1 I need some money to buy a new phone.

2 This mall is the best place to shop.

3 Nate wanted something sweet to eat.

4 We went to the restaurant to have lunch.

5 I am sorry to hear the news.

6 Henry was happy to receive the gift.

B

1 country to visit

2 nice clothes to wear

3 something special to give

4 to open this bottle

5 glad to hear

6 to be a liar

C

1 a report to write

2 any money to buy food

3 someone special to introduce

4 to go to college

5 were sad to hear

6 to be a diplomat

D

1 I have three things to buy today.

2 Amanda has two close friends to play with.

3 Would you like something hot to drink?

4 I called Jennifer to make an appointment.

5 He was happy to see Jessica at the party.

6 She works part time to pay her tuition.

UNIT 03 동명사

GRAMMAR FOCUS pp.122-123

EXERCISE A

1 Swimming **2** eating **3** learning

4 Traveling **5** treating

해석

1 수영은 좋은 운동이다.

2 나는 8시에 아침 식사를 마쳤다.

3 그녀는 언어를 배우는 것에 관심이 있다.

4 새로운 곳을 여행하는 것은 신나는 일이다.

5 그의 직업은 아픈 동물들을 치료하는 것이다.

EXERCISE B

1 singing **2** working **3** helping

4 Being **5** listening

EXERCISE C

1 playing **2** to join **3** cleaning

4 to visit **5** opening **6** studying

해석

1 나의 아버지는 골프 치는 것을 즐기신다.

2 너는 나와 함께 연극 동아리에 가입하고 싶니?

3 나는 저녁 식사 전에 내 방 청소를 마쳤다.

4 그는 내년 여름에 나를 방문하기로 약속했다.

5 창문을 열어도 괜찮아요.

6 그녀는 내년에 해외 유학을 고려하고 있다.

WRITING FOCUS pp.124-125

A

1 Taking vitamins is good for you.

2 My hobby is playing board games.

3 Tim enjoys listening to music.

4 I am thinking about going to the party.

5 Do you mind waiting for me?

6 Ann wanted to talk to me.

B

1 Reading novels is **2** being late

3 going camping **4** finished writing

5 expect to see **6** kept calling

C

1 She kept exercising

2 practiced driving

3 gave up trying

4 enjoy watching TV

5 Amy wanted to come

6 Brian decided to grow his hair

D

1 Lucy enjoys dancing.

2 She is planning to go to Italy.

3 James kept talking about himself.

4 Do you promise to keep a secret?

5 I like going[to go] to museums.

6 Would you mind turning off the TV?

ACTUAL TEST pp.126-128

01 ④ **02** ⑤ **03** ③ **04** ④

05 ④ **06** ⑤ **07** ⑤ **08** ②

09 (1) to win (2) drawing (3) to meet

10 (1) Ann uses her cellphone to take pictures.
(2) Taking the bus is the best way to get there.

11 (1) Learning (2) to read

12 didn't have time to check his email

13 (1) It is not[isn't] healthy to eat fast food.
(2) Emma needs someone to play with.

14 (1) being → to be (2) help → helping

15 (1) to ride (2) waiting (3) saying

16 (1) singing (2) to see

17 (1) something to do (2) some work to finish

18 ⓒ this → it ⓔ improve → to improve

19 What is the best city to visit

20 There are many things to see

01 '배구를 하는 것'은 To play volleyball 또는 Playing volleyball로 나타낼 수 있다.

02 뒤에 to부정사가 목적어로 쓰였으므로 동명사만을 목적어로 취하는 동사 enjoys는 쓸 수 없다.

03 '읽을'은 to read로 나타내고, 형용사(many, interesting)

는 명사를 앞에서, to부정사는 명사를 뒤에서 꾸며 주므로 many interesting books to read의 어순으로 쓴다.

04 '말할'은 to tell로 나타내고, -thing으로 끝나는 대명사를 형용사와 to부정사가 같이 수식하는 경우 「대명사+형용사+to부정사」의 어순이 되므로 'I have something important to tell you.'가 된다.

05 〈보기〉와 ④는 목적(~하기 위해)을 나타내는 부사적 용법의 to부정사이다. ②는 결과(~해서 …하다), ③은 감정의 원인(~해서)을 나타내며, ①과 ⑤는 각각 목적어와 주어로 쓰인 명사적 용법의 to부정사이다.

06 ①②③④는 주어, 보어, 동사와 전치사의 목적어로 쓰인 동명사, ⑤는 현재진행형으로 쓰인 현재분사이다.

07 ⑤ fail은 to부정사를 목적어로 취하는 동사이므로 to pass가 와야 알맞다.

08 ⓐ Ski → Skiing, ⓑ telling → to tell, ⓓ get → to get으로 고쳐야 알맞다.

09 (1) 감정의 원인(~해서)은 to부정사를 사용한다.
(2) 전치사의 목적어는 동명사를 쓴다.
(3) agree는 to부정사를 목적어로 취하는 동사이다.

10 (1) '사진을 찍기 위해'는 목적을 나타내는 부사적 용법의 to부정사를 사용해서 to take pictures로 쓴다.
(2) '버스를 타는 것'은 Taking the bus, '그곳에 가는 가장 좋은 방법'은 형용사적 용법의 to부정사를 사용해서 the best way to get there로 쓴다.

11 (1) 주어 자리에는 to부정사와 동명사가 모두 가능하므로 Learning으로 바꿔 쓸 수 있다.
(2) love는 to부정사와 동명사를 둘 다 목적어로 취하는 동사이므로 to read로 바꿔 쓸 수 있다.

12 to부정사는 명사를 뒤에서 꾸며 주므로 time 뒤에 to check his email을 써서 문장을 완성한다.

13 (1) 가주어 it이 있으므로 to부정사구 to eat fast food를 문장 뒤에 쓴다.
(2) '함께 놀'은 to play with로 나타내고, someone을 뒤에서 꾸며 준다.

14 (1) promise는 to부정사를 목적어로 취하는 동사이다.
(2) 전치사의 목적어는 동명사를 쓴다.

15 (1) learn은 to부정사를 목적어로 취하는 동사이다.
(2) mind는 동명사를 목적어로 취하는 동사이다.
(3) 전치사의 목적어는 동명사를 쓴다.

16 (1) practice는 동명사를 목적어로 취하는 동사이다.
(2) 감정의 원인(~해서)은 to부정사를 사용한다.

17 (1) '할 일'은 something을 꾸며 줄 to do를 something 뒤에 써서 나타낸다.
(2) some은 명사 work를 앞에서, to finish는 work를 뒤에서 꾸며 준다.

18 ⓒ to buy tickets online이 진주어이므로 주어 자리에는 가주어 it을 써야 알맞다.
ⓔ '~하기 위해'는 목적을 나타내는 부사적 용법의 to부정사를 사용해서 to improve로 써야 알맞다.

[19-20]
해석 A: 너는 이번 여름에 무엇을 할 거니?
B: 이탈리아로 여행할 계획이야.
A: 그거 멋지다! 사실 나는 지난여름에 거기에 갔었어.
B: 정말? 이탈리아에서 방문하기에 가장 좋은 도시는 어디니?
A: 로마를 추천하고 싶어. 로마에는 볼 것들이 많이 있어. 나는 거기에 다시 가 보고 싶어.

19 '방문하기에 가장 좋은 도시'는 the best city 뒤에 to visit를 써서 나타낸다.

20 '~이 있다'는 「There is/are+주어」로 나타내고, many things 뒤에 to see를 써서 many things to see로 쓴다.

Chapter 09
문장의 구조

UNIT 01 보어가 있는 문장

GRAMMAR FOCUS
pp.130-131

EXERCISE A

1 The girl looks <u>lovely</u>.
2 The trash smells <u>bad</u>.
3 My cat makes me <u>happy</u>.
4 The couple named their son <u>Anthony</u>.
5 These gloves will keep your hands <u>warm</u>.

해석
1 그 소녀는 사랑스러워 보인다.
2 쓰레기에서 악취가 난다.
3 내 고양이는 나를 행복하게 해준다.
4 그 부부는 그들의 아들을 Anthony라고 이름 지었다.
5 이 장갑은 너의 손을 따뜻하게 해줄 거야.

EXERCISE B

1 fresh	2 nice
3 good	4 cold
5 tastes like	6 Buddy
7 him	8 them
9 dirty	10 salty
11 beautiful	12 correct

해석
1 그 꽃들은 싱싱해 보인다.
2 그 음악은 좋게 들린다.

3 이 향수는 좋은 냄새가 난다.

4 내 손은 차갑다.

5 그 스무디는 바나나 맛이 난다.

6 나는 내 강아지를 Buddy라고 부른다.

7 우리는 그를 팀의 주장으로 만들었다.

8 그 여행은 그들을 피곤하게 만들었다.

9 그들은 그 접시들을 더러운 채로 두었다.

10 Sarah는 그 수프를 너무 짜게 만들었다.

11 그들은 자신들의 정원을 아름답게 유지한다.

12 선생님은 그 학생의 답이 맞다고 생각했다.

EXERCISE C

1 looks expensive   **2** tastes sweet

3 made, sad   **4** called, a liar

5 found, helpful

WRITING FOCUS
pp.132-133

A

1 These books look interesting.

2 This chicken soup smells good.

3 The test results made him unhappy.

4 I found the information useless.

5 They called her Daisy.

6 She always keeps her room clean.

B

1 felt thirsty

2 looks like a sheep

3 leave a child alone

4 keeps vegetables fresh

5 found his jokes funny

6 named the ship the Titanic

C

1 taste a little salty

2 looks young

3 sounds strange

4 calls me Princess

5 the main character attractive

6 my room window open

D

1 This pineapple jam smells sweet.

2 This medicine will keep you healthy.

3 The news made her sad.

4 He found the math problem difficult.

5 We named the puppy Tommy.

6 Don't leave the refrigerator open.

UNIT 02 목적어가 두 개 있는 문장

GRAMMAR FOCUS
pp.134-135

EXERCISE A

1 me the information   **2** us the bill

3 him a letter   **4** me any questions

5 her a tissue   **6** her some books

7 for   **8** to

9 to   **10** of

해석

1 Jerry가 나에게 그 정보를 주었다.

2 그 웨이터는 우리에게 계산서를 가져왔다.

3 나는 그에게 편지를 쓸 예정이다.

4 나에게 어떤 질문도 하지 마세요.

5 그는 그녀에게 휴지를 건네주었다.

6 나는 그녀에게 책 몇 권을 보냈다.

7 Chris는 우리에게 맛있는 음식을 만들어주었다.

8 나는 절대 너에게 거짓말을 하지 않을 것이다.

9 나에게 그 사진을 보여줄 수 있니?

10 나는 그에게 두 가지 질문을 했다.

EXERCISE B

1 to   **2** for   **3** for

4 to   **5** to   **6** for

해석

1 A: 나에게 소포를 보냈니?

B: 응, 어제 너에게 그걸 보냈어.

2 A: 내 남자친구가 나에게 꽃을 좀 사 줬어.

B: 와, 정말 다정하구나.

3 A: 저녁 먹었니?

B: 응. Dave가 우리에게 생선을 요리해 줬어.

4 A: 누가 너에게 그 생일 카드를 주었니?

B: 내 가장 친한 친구가 나에게 그걸 주었어.

5 A: 이건 비밀이야.

B: 물론이지. 나는 아무에게도 네 비밀을 말하지 않을게.

6 A: 우리는 새로 오신 선생님에게 멋진 선물을 사 드릴 예정이야.

B: 그거 좋다. 나도 함께해도 돼?

EXERCISE C

1 to the doctor   **2** to her

3 of the singer   **4** to me

5 for me   **6** to me

해석

1 그 환자는 의사에게 그의 다리를 보여 주었다.

2 너는 그녀에게 네 비밀번호를 말해서는 안 된다.

3 그들은 그 가수에게 많은 질문을 했다.

4 나의 할머니가 나에게 돈을 조금 주셨다.

5 나의 엄마는 나에게 새로운 게임을 사 주시지 않을 것이다.

6 나에게 네 펜을 빌려줄 수 있니?

WRITING **FOCUS**

pp.136-137

A

1 He brought me a warm glass of milk.

2 My friend lent me his bicycle.

3 The Internet gives us a lot of information.

4 Sam teaches English to children.

5 I will make some yogurt for you.

6 Can I ask a favor of you?

B

1 show us a new smartphone

2 get you something

3 send me a text message

4 cooked dinner for

5 teaches math to

6 made a house for

C

1 asked me

2 gave him

3 show me

4 send this package to

5 bought some fried chicken for

6 make some strawberry juice for

D

1 The boy passed the ball to me.

2 The experience taught a lesson to him.

3 Can you bring the remote control to me?

4 I want to buy a birthday cake for my sister.

5 The chef cooked a delicious meal for us.

ACTUAL TEST

pp.138-140

01 ②	02 ①	03 ④	04 ④
05 ④	06 ②	07 ⑤	08 ②

09 (1) look happy   (2) call me Mike

10 (1) I am planning to buy my mom a new scarf.

(2) Technology makes our lives easier.

11 (1) to his parents   (2) for me

12 We named the cat Lucy.

13 I found him honest.

14 (1) strongly → strong   (2) to John → John

15 ⓒ → smells like

16 (1) smell good   (2) tastes delicious

17 (1) look great   (2) gave this to

18 (1) She brought me a cup of tea.

(2) She brought a cup of tea to me.

19 ⓔ straightly → straight   ⓕ for → to

20 I made a cake for her.

01 첫 번째 빈칸에는 looks, tastes, smells, 두 번째 빈칸에는 looks를 쓸 수 있으므로 ② looks가 알맞다.

02 '~을 …라고 부르다'는 「call+목적어+목적격보어(명사)」로 나타낸다. '~가 …라고 생각하다, ~가 …인 것을 알게 되다'는 「find+목적어+목적격보어(형용사)」로 나타낸다.

03 ①②③⑤는 「주어+동사+직접목적어+to+간접목적어」 형태로 쓸 수 있으며, ④는 전치사 for를 써야 하므로 빈칸에 올 수 없다.

04 〈보기〉는 「주어+동사+간접목적어+직접목적어」 형태의 문장으로, ④와 같은 구조이다.

05 '~에게 …을 말해 주다'는 「tell+간접목적어+직접목적어」 또는 「tell+직접목적어+to+간접목적어」로 나타낸다. 전치사 to가 있으므로 Jane told a funny story to us로 쓴다.

06 ① Ally bought a cap <u>for</u> me, ③ She passed the remote control <u>to</u> me, ④ Jessica will make dinner <u>for</u> us tonight, ⑤ My father wrote a long letter <u>to</u> me로 고쳐야 알맞다.

07 ⑤ '~을 …하게 유지하다'는 「keep+목적어+목적격보어(형용사)」로 나타내므로 safely를 safe로 고쳐야 알맞다.

08 ⓐ softly → soft, ⓑ to → of, ⓔ to his dog a trick → his dog a trick 또는 a trick to his dog로 고쳐야 알맞다.

09 (1) '~하게 보이다'는 「look+형용사」로 나타낸다.

(2) '~을 …라고 부르다'는 「call+목적어+목적격보어(명사)」로 나타낸다.

10 (1) '~에게 …을 사 주다'는 「buy+간접목적어+직접목적어」 또는 「buy+직접목적어+for+간접목적어」로 나타낸다. 전치사 for가 없으므로 buy my mom a new scarf를 써서 문장을 완성한다.

(2) '~을 …하게 만들다'는 「make+목적어+목적격보어(형용사)」로 나타낸다.

11 (1) '~에게 …을 보여 주다'는 「show+간접목적어+직접목적어」 또는 「show+직접목적어+to+간접목적어」로 나타낸다.

(2) '~에게 …을 만들어 주다'는 「make+간접목적어+직접목적어」 또는 「make+직접목적어+for+간접목적어」로 나타낸다.

12 '~을 …라고 이름 짓다'는 「name+목적어+목적격보어

(명사)」로 나타낸다.

13 '~가 …라고 생각하다, ~가 …인 것을 알게 되다'는 「find+목적어+목적격보어(형용사)」로 나타낸다.

14 (1) '~을 …하게 유지하다'는 「keep+목적어+목적격보어(형용사)」로 나타낸다.
(2) '~에게 …을 주다'는 「give+간접목적어+직접목적어」 또는 「give+직접목적어+to+간접목적어」로 나타낸다.

15 감각동사(smells) 뒤에 명사(coconut)가 오는 경우 전치사 like를 써서 smells like로 써야 한다.
해석 　A: 이 비누는 달콤한 냄새가 나.
　　　B: 네, 코코넛 냄새가 나요.

16 (1) 주어 flowers를 설명할 수 있는 형용사는 good이며 이와 어울리는 동사는 smell이다.
(2) 주어 spaghetti를 설명할 수 있는 형용사는 good, delicious이며 이와 어울리는 동사는 smell, taste이다. smell과 good은 (1)에서 쓰였으므로 tastes delicious가 알맞다.

17 (1) '~하게 보이다'는 「look+형용사」로 나타낸다.
(2) '~에게 …을 주다'는 간접목적어 me가 문장 끝에 쓰였으므로 「give+직접목적어+to+간접목적어」 형태로 나타낸다

18 '~에게 …을 가져다주다'는 「bring+간접목적어+직접목적어」 또는 「bring+직접목적어+to+간접목적어」로 나타낸다.

19 ⓔ '~을 …하게 유지하다'는 「keep+목적어+목적격보어(형용사)」로 나타낸다.
ⓕ '~에게 …을 가르쳐 주다'는 「teach+간접목적어+직접목적어」 또는 「teach+직접목적어+to+간접목적어」로 나타낸다.
해석 　A: 너는 네 여동생 생일에 무엇을 했니?
　　　B: 나는 그녀에게 케이크를 만들어 주었어.
　　　A: 오, 그거 정말 멋지다.

20 '~에게 …을 만들어 주다'는 「make+간접목적어+직접목적어」 또는 「make+직접목적어+for+간접목적어」로 나타낸다. 총 6단어로 써야 하므로 전치사 for를 포함해서 문장을 만든다.

Chapter 10
문장의 종류

UNIT 01 명령문, Let's ~

GRAMMAR FOCUS
pp.142-143

EXERCISE A

1 Sit
2 Don't
3 open
4 Pay
5 Let's not
6 Let's
7 Be
8 Don't
9 play
10 coming

해석
1 의자에 앉아라.
2 슬퍼하지 마라.
3 창문을 열어 주세요.
4 수업 시간에 집중해라.
5 거기에 가지 말자.
6 함께 노래하자.
7 너의 선생님들께 예의를 갖춰라.
8 아무런 소음도 내지 마라.
9 우리 농구 하지 않을래?
10 우리 집에 오는 게 어때?

EXERCISE B

1 Don't turn off the lights.
2 Be patient.
3 Look at me.
4 Let's not wait for him.
5 Don't be afraid.
6 Don't call me in the morning.

해석
1 불을 꺼라. (불을 끄지 마라.)
2 인내심을 갖지 마라. (인내심을 가져라.)
3 나를 보지 마. (나를 봐.)
4 그를 기다리자. (그를 기다리지 말자.)
5 두려워해라. (두려워하지 마라.)
6 아침에 내게 전화해라. (아침에 내게 전화하지 마라.)

EXERCISE C

1 Close
2 order
3 going
4 Be
5 forget
6 answer
7 Listen
8 go
9 make
10 plan

1 창문을 닫아. 여기는 추워.

2 배고파. 피자를 주문하자.

3 날씨가 좋아. 해변에 가는 게 어때?

4 조심해. 바닥이 아주 미끄러워.

5 네 숙제 잊지 마. 내일이 제출일이야.

6 전화가 울리고 있어요. 전화를 받아 주세요.

7 잘 들어. 너에게 중요한 말할 것이 있어.

8 피곤해. 공원에 가지 말자.

9 눈이 오고 있어! 우리 눈사람 만들지 않을래?

10 내일은 엄마의 생신이야. 깜짝 파티를 계획하자.

WRITING FOCUS

pp.144-145

A

1 Take your umbrella.

2 Get enough sleep at night.

3 Don't worry about it.

4 Don't be surprised.

5 Let's go to the movies.

6 Let's not swim here.

B

1 Open
2 Be kind

3 Please show
4 Don't stay up

5 Let's meet
6 Let's not talk

C

1 Pack your bags for the trip.

2 Be confident.

3 Don't be late for the class.

4 Don't pick up the flowers.

5 Let's go for a walk.

6 Let's not waste any more time.

D

1 Look out the window.

2 Please be quiet.

3 Don't touch the painting.

4 Don't be scared.

5 Let's try our best.

6 Let's not buy the car.

UNIT 02 감탄문

GRAMMAR FOCUS

pp.146-147

EXERCISE A

1 What
2 How

3 What
4 How

5 What
6 How

7 she is
8 funny the movie is

9 a nice present
10 exciting the game

해석

1 그는 정말 영리한 소년이구나!

2 정말 놀랍구나!

3 그것은 정말 예쁜 신발이구나!

4 그 돌은 정말 거대하구나!

5 그는 정말 비싼 차를 운전하는구나!

6 그녀는 춤을 정말 잘 추는구나!

7 그녀는 정말 친절한 여성이구나!

8 그 영화는 정말 재미있구나!

9 정말 좋은 선물이구나!

10 그 경기는 정말 흥미진진하구나!

EXERCISE B

1 heavy this shopping bag is

2 a good question it is

3 well you play the guitar

4 nice people they are

5 long hair she has

6 far the post office is

해석

1 이 쇼핑백은 정말 무겁구나!

2 그것은 정말 좋은 질문이구나!

3 너는 기타를 정말 잘 치는구나!

4 그들은 정말 좋은 사람들이구나!

5 그녀는 정말 긴 머리를 가지고 있구나!

6 우체국은 여기서 정말 멀구나!

EXERCISE C

1 How lazy

2 How quickly

3 What great ideas

4 What talented musicians

5 How beautiful

6 What terrible weather

7 What delicious food

8 What a cute baby

9 How boring

10 How well

11 What excellent grades

12 How fast

해석

1 그 고양이는 정말 게으르구나!

2 그는 자신의 숙제를 정말 빨리 끝냈구나!

3 그들은 정말 훌륭한 아이디어를 가지고 있구나!

4 그들은 정말 재능 있는 음악가이구나!

5 그 크리스마스트리는 정말 아름답구나!

6 우리는 정말 끔찍한 날씨를 겪었구나!

7 너는 정말 맛있는 음식을 요리했구나!

8 그는 정말 귀여운 아기구나!

9 그 수업은 정말 지루하구나!

10 그는 수영을 정말 잘하는구나!

11 너는 정말 우수한 성적을 받았구나!

12 그 기차는 정말 빨리 가는구나!

WRITING FOCUS pp.148-149

A

1 What an interesting book it is!

2 What a great job you did!

3 How beautiful the city is!

4 How hard he works!

5 How expensive the watch is!

6 What cute puppies they are!

B

1 How difficult

2 What an amazing story

3 What beautiful eyes

4 What a tall building

5 How handsome

6 How tired

C

1 What a nice car it is!

2 What a great teacher she is!

3 How beautiful the ring is!

4 How clean your room is!

5 What brave girls they are!

6 How fluently you speak English!

D

1 How bright the moon is!

2 What a lovely smile she has!

3 How generous you are!

4 What kind people they are!

5 What good news it is!

6 How beautifully she sings!

UNIT 03 부가의문문

GRAMMAR FOCUS pp.150-151

EXERCISE A

1 it **2** is **3** won't

4 does **5** aren't **6** did

해석

1 이것은 너의 배낭이 아니야, 그렇지 않니?

2 Peter는 TV를 보고 있지 않아, 그렇지?

3 그들은 곧 도착할 거야, 그렇지 않니?

4 그 개는 물지 않아, 그렇지?

5 너는 즐거운 시간을 보내고 있어, 그렇지 않니?

6 Mike는 어제 일하러 가지 않았어, 그렇지?

EXERCISE B

1 isn't he **2** were they

3 doesn't she **4** do you

5 aren't they **6** wasn't it

7 won't you **8** isn't she

9 can we **10** aren't they

11 did you **12** didn't it

해석

1 그는 외동이야, 그렇지 않니?

2 그들은 집에 없었어, 그렇지?

3 그녀는 태국 음식을 좋아해, 그렇지 않니?

4 너는 치즈를 먹지 않아, 그렇지?

5 그 연필들은 Mary의 것이야, 그렇지 않니?

6 그 영화는 훌륭했어, 그렇지 않니?

7 너는 나중에 은행에 갈 거야, 그렇지 않니?

8 너의 엄마는 선생님이야, 그렇지 않니?

9 우리는 이 퍼즐을 풀지 못해, 그렇지?

10 Jack과 Jill은 공부를 하고 있어, 그렇지 않니?

11 너는 네 숙제를 안 했어, 그렇지?

12 그 공연은 오후 7시에 끝났어, 그렇지 않니?

EXERCISE C

1 isn't it, it is **2** aren't you, I'm not

3 aren't we, we are **4** didn't he, he didn't

5 can't they, they can **6** will you, I won't

해석

1 A: 지금 비가 오고 있어, 그렇지 않니?
   B: 응, 그래.

2 A: 너는 나에게 화가 나 있어, 그렇지 않니?
   B: 아니, 그렇지 않아.

3 A: 우리는 거기에 버스를 타고 갈 거야, 그렇지 않니?
   B: 응, 그래.

4 A: Eric은 도서관에 갔어, 그렇지 않니?

B: 아니, 그렇지 않아. 그는 자기 방에 있어.

5 A: 그들은 모임에 올 수 있어, 그렇지 않니?

　　B: 응, 그래.

6 A: 너는 다시는 늦지 않을 거야, 그렇지?

　　B: 아니, 늦지 않을게. 미안해.

WRITING FOCUS

pp.152-153

A

1 Wendy reads a lot of books, doesn't she?

2 Sam and Emily are dating, aren't they?

3 This isn't your textbook, is it?

4 You know Mr. Kim, don't you?

5 He isn't going to the movies, is he?

6 We can't cancel our order, can we?

B

1 aren't I?　　　　**2** isn't it?

3 won't they?　　 **4** did you?

5 can she?　　　 **6** isn't he?

C

1 will keep your promise, won't you

2 are expensive sneakers, aren't they

3 doesn't like cats, does she

4 are best friends, aren't we

5 is in October, isn't it

6 didn't enjoy the concert, did he

D

1 You live in San Francisco, don't you?

2 This is your wallet, isn't it?

3 They are your sisters, aren't they?

4 We are not late, are we?

5 Your brother can play the guitar, can't he?

6 Paul and Rachel didn't have lunch, did they?

ACTUAL TEST

pp.154-156

01 ④　　**02** ②　　**03** ②　　**04** ④

05 ④　　**06** ⑤　　**07** ⑤　　**08** ②

09 (1) Don't use your cellphone in the theater.

　　(2) Let's take a break for 10 minutes.

10 (1) an exciting game it was

　　(2) bright the stars are

11 (1) didn't it　(2) aren't they　(3) can he

12 (1) Be not → Don't be　(2) nice → be nice

13 How → What

14 (1) Arrive　(2) Don't talk　(3) Don't be rude

15 (1) don't you　(2) I don't

16 (1) is it　(2) No, it isn't

17 (1) Let's　(2) How about

18 ⓒ What → How　ⓓ were → didn't

19 ⓑ → can't you

20 What a great idea that is!

01 부정 명령문은 「Don't+동사원형」 형태로 쓴다.

02 '~하자'는 「Let's+동사원형」으로 나타낸다. ④는 「How about+동사원형-ing?」, ⑤는 「Why don't we+동사원형?」 형태로 써야 하므로 빈칸에 올 수 없다.

03 Your father is로 시작하므로 부가의문문은 ② isn't he? 가 알맞다.

04 ①②③⑤는 명사구를 강조하는 감탄문이므로 What, ④는 형용사 delicious를 강조하는 감탄문이므로 How로 시작한다.

05 「Let's+동사원형」과 비슷한 표현으로는 「Why don't we +동사원형?」과 「How[What] about+동사원형-ing?」가 있다.

06 감탄문은 「What(+a/an)+형용사+명사+주어+동사!」 또는 「How+형용사/부사+주어+동사!」 어순으로 쓴다.

07 부가의문문의 대답은 질문에 상관 없이 대답하는 내용이 긍정이면 yes, 부정이면 no로 답한다. ⑤는 No, I didn't로 고쳐야 알맞다.

08 ⓐ Takes → Take, ⓑ Don't be lie → Don't lie, ⓓ What → How로 고쳐야 알맞다.

09 (1) 부정 명령문은 「Don't+동사원형」 형태로 쓴다.

　　(2) '~하자'는 「Let's+동사원형」 형태로 쓴다.

10 (1) What으로 시작하는 감탄문은 「What(+a/an)+형용사+명사+주어+동사!」 형태로 쓴다.

　　(2) How로 시작하는 감탄문은 「How+형용사/부사+주어+동사!」 형태로 쓴다.

11 (1) It rained로 시작하므로 부가의문문은 didn't it이 알맞다.

　　(2) These are로 시작하므로 부가의문문은 aren't they가 알맞다.

　　(3) Your brother can't로 시작하므로 부가의문문은 can he가 알맞다.

12 (1) 부정 명령문은 「Don't+동사원형」 형태이다.

　　(2) 긍정 명령문은 동사원형으로 시작하므로 형용사 nice 앞에 Be를 추가한다. 명령문 앞, 뒤에는 please를 붙일 수 있다.

13 명사구인 delicious cookies를 강조하는 감탄문이므로 What으로 시작한다.

14 (1) '제시간에 도착해라'의 의미로 Arrive가 알맞다.

(2) '수업 중에 떠들지 마라'의 의미로 Don't talk가 알맞다.

(3) '선생님께 무례하게 굴지 마라'의 의미로 형용사 rude 앞에 be동사를 추가하여 Don't be rude가 알맞다.

15 (1) You enjoy로 시작하므로 부가의문문은 don't you가 알맞다.

(2) 부정의 대답이므로 No, I don't로 답한다.

16 (1) The weather isn't로 시작하므로 부가의문문은 is it이 알맞다.

(2) 비가 내려서 날씨가 좋지 않으므로 부정의 대답인 No, it isn't로 답한다.

17 (1) '~하자'는 「Let's+동사원형」 형태로 쓴다.

(2) 뒤에 visiting이 쓰였으므로 How about을 쓸 수 있다.

18 ⓒ 형용사 interesting을 강조하는 감탄문이므로 How로 시작해야 알맞다.

ⓓ John and Alice had로 시작하므로 부가의문문은 didn't they가 알맞다.

[19-20]

해석 A: 다음 주 주말은 길 텐데. 너는 뭘 하고 싶어?
B: 해변으로 여행을 가는 건 어때?
A: 그거 정말 좋은 생각이다! 너는 운전할 수 있어, 그렇지 않니?
B: 아니, 못해. 하지만 그 대신에 우리는 버스를 탈 수 있어.
A: 그거 좋네! 그렇게 하자.

19 You can으로 시작하는 문장의 부가의문문은 can't you가 알맞다.

20 What으로 시작하는 감탄문은 「What(+a/an)+형용사+명사+주어+동사!」 형태로 쓴다.

Chapter 11
전치사와 접속사

UNIT 01 시간의 전치사

GRAMMAR FOCUS
pp.158-159

EXERCISE A

1 at	**2** in	**3** during
4 on	**5** in	**6** in
7 at	**8** at	**9** in
10 at	**11** for	**12** during
13 on	**14** at	**15** after
16 at	**17** before	**18** on

EXERCISE B

1 in	**2** in	**3** on
4 on	**5** at	**6** during
7 for	**8** on	**9** in
10 at	**11** on	**12** before

해석

1 봄에는 모든 것이 아름답다.

2 그는 11월에 돌아올 것이다.

3 그녀는 2월 18일에 부산으로 떠났다.

4 나는 화요일에 병원 예약이 있다.

5 나는 보통 아침 7시에 일어난다.

6 그 폭풍은 밤 동안에 일어났다.

7 Rick은 30분 동안 목욕을 했다.

8 나는 설날에 조부모님을 방문했다.

9 Anthony는 1999년에 태어났다.

10 그들은 자정에 집에 도착했다.

11 월요일 아침에는 대개 교통이 혼잡하다.

12 다행히도, 그는 마감일 전에 그 프로젝트를 완료했다.

EXERCISE C

1 in	**2** during	**3** for
4 on	**5** before	**6** at
7 in	**8** after	**9** in
10 on		

해석

1 교회 종은 매일 정오에 울린다.

2 Oliver는 농구 경기 중에 그의 허리를 다쳤다.

3 Tony는 매일 한 시간씩 운동한다.

4 우리 금요일에 저녁 식사할 수 있나요?

5 우리는 콘서트 전에 도착해야 한다.

6 버스는 9시 정각에 출발한다.

7 너는 오후에는 주로 무엇을 하니?

8 비가 온 후 무지개가 떴다.

9 내 생일은 9월이다.

10 네 생일에 좋은 시간을 보냈니?

WRITING FOCUS
pp.160-161

A

1 Take this medicine after meals.

2 I want to go to France during winter vacation.

3 I turned off my cellphone before the movie.

4 They traveled the world for two years.

5 The yoga lesson starts at noon.

6 We walk our dog in the evening.

B

1 in 2010	**2** on Christmas Day
3 at 10:30	**4** for an hour

5 on Monday   **6** during the show

C

1 eat turkey on Thanksgiving Day

2 brush your teeth after every meal

3 studied math for two hours

4 was born in 1961

5 enjoys fishing in summer

6 read ten books during summer vacation

D

1 I will see you at 1 o'clock in the afternoon.

2 My family will go to Europe in February.

3 What did you do in 2020?

4 We laughed a lot during the play.

5 Bill took a nap for three hours.

6 She went to bed at midnight.

UNIT 02 장소의 전치사

GRAMMAR FOCUS

pp.162-163

EXERCISE A

1 on	**2** in	**3** at
4 in	**5** in	**6** on
7 on	**8** in front of	**9** behind
10 at	**11** over	**12** behind
13 under	**14** between	

EXERCISE B

1 in	**2** on	**3** in
4 in	**5** at	**6** on
7 at	**8** in	**9** at
10 on		

> **해석**
>
> **1** 나는 그 딸기를 냉장고에 넣었다.
> **2** 벤치에 앉지 마. 그것은 젖었어.
> **3** 나의 아버지는 베트남에서 일하신다.
> **4** 하늘에는 많은 별이 있다.
> **5** 나는 그 파티에서 몇몇 사람들을 만났다.
> **6** 레드 카펫 위에 서 주세요.
> **7** Brown 씨는 공항에 도착했다.
> **8** 새장 안에 앵무새 한 마리가 있다.
> **9** 현관에 누군가가 있다.
> **10** Irene의 아파트는 5층에 있다.

EXERCISE C

1 under	**2** over	**3** in front of
4 next to	**5** behind	**6** between

WRITING FOCUS

pp.164-165

A

1 There are two pictures on the wall.

2 We took a picture in front of the Eiffel Tower.

3 I found your notebook under the bed.

4 Andy put the pencils in the pencil case.

5 Betty lost her luggage at the airport.

6 The Rhine runs between France and Germany.

B

1 on the desk	**2** behind the counter
3 in the box	**4** at the front door
5 over the lake	**6** in the building

C

1 meet in front of the school gate

2 live next to the Johnsons

3 is in the bathroom

4 is under the bed

5 is flying over the park

6 sit on the sofa

D

1 There is a cuckoo clock on the wall.

2 He planted a tree in the garden.

3 The school is on Lincoln Street.

4 I saw Jack at the bus stop.

5 There is a painting behind the sofa.

6 She is standing in front of the mirror.

UNIT 03 접속사

GRAMMAR FOCUS

pp.166-167

EXERCISE A

1 and	**2** but	**3** because
4 when	**5** that	

> **해석**
>
> **1** 내 여동생과 나는 닮았다.
> **2** 그 수프는 조금 짰지만 맛있었다.
> **3** Sue는 목이 말라서 물을 마셨다.

4 나는 그 배달원이 벨을 눌렀을 때 집에 없었다.

5 나는 우리가 그 경기에서 이길 거라고 믿는다.

EXERCISE B

1 ⓑ **2** ⓐ **3** ⓐ

4 ⓑ **5** ⓐ

해석

1 날씨는 춥지만 바람은 없다.

2 나는 무거운 상자를 들 때 내 허리를 다쳤다.

3 해가 지기 전에 집으로 돌아가자.

4 너에게 필요한 것이 있으면 내게 문자 보내.

5 그는 최선을 다했기 때문에 그 시험에 합격했다.

EXERCISE C

1 and **2** or **3** that

4 but **5** If **6** After

7 that **8** When **9** because

10 before

해석

1 Harry는 넘어져서 그의 다리를 다쳤다.

2 너는 공원까지 버스를 타거나 걸어갈 수 있다.

3 나는 Ian이 착한 사람인 것 같다.

4 Ben은 새 기타를 사고 싶지만 그것을 살 형편이 안 된다.

5 너무 많이 먹으면 너는 체중이 늘 것이다.

6 그는 차에 탄 후 차를 몰고 떠났다.

7 그녀는 무언가 잘못되었다는 것을 알았다.

8 어렸을 때, 내가 가장 좋아했던 장난감은 곰 인형이었다.

9 그는 심한 치통이 있어서 치과에 갔다.

10 너는 길을 건너기 전에 양쪽을 모두 살펴야 한다.

WRITING FOCUS
pp.168-169

A

1 It will be warm and sunny

2 wash the dishes or clean the room

3 When I was your age

4 before the movie starts

5 if you have any questions

6 I think that math is difficult

B

1 Paris and Amsterdam

2 juice or tea

3 but he plays

4 Before you leave

5 After he won

6 I believe that

C

1 when you grow up

2 before it is[It's] too late

3 because I have a lot to do

4 If I travel to England

5 believe (that) he is[he's] innocent

6 but I do not[don't] like oriental melons

D

1 Pam likes geography and history.

2 I wanted to go there, but I couldn't.

3 Tonight, I will watch TV or read a book.

4 I didn't know (that) he wrote the book.

5 Let's have a party after the final exam is over.

6 If it rains tomorrow, we will cancel the picnic.

ACTUAL TEST
pp.170-172

01 ④ **02** ② **03** ② **04** ④

05 ④ **06** ②, ⑤ **07** ④ **08** ③

09 at

10 (1) I can't answer the phone during class.
(2) The principal's office is on the second floor.

11 They are sitting in front of the fireplace.

12 I think that he will win the race.

13 (1) on → in (2) will stop → stops

14 (1) but they are still dirty
(2) or leave the room
(3) and he kept his promise

15 (1) When she saw the mouse, she screamed.
(2) Tom is in the hospital because he had an accident.

16 (1) next to (2) on (3) under

17 (1) at 4 o'clock
(2) for two hours
(3) after he has dinner

18 ⓐ → on ⓓ → but

19 (1) because (2) that

20 I am going to surprise him when he gets home.

01 시간 앞에는 at, 날짜 앞에는 on을 사용한다.

02 '책장에'는 on the bookshelf이다.

03 ①③④⑤는 in, ②는 on이 알맞다.

04 ①②③⑤는 접속사, ④는 의문사이다.

05 '심한 두통이 있어서'는 이유의 접속사 because를 써서 because I had a bad headache로 나타낼 수 있다.

06 ② next → next to, ⑤ or → and로 고쳐야 알맞다.

07 ④ think의 목적어절을 이끄는 접속사는 that이다.

08 ⓒ on → in, ⓓ because → but, ① That → If로 고쳐야 알맞다.

09 '정오에'나 '버스 정류장에서'처럼 특정 시점, 특정 장소 앞에는 모두 at을 쓴다.

10 (1) '수업 중에'는 during the class, (2) '2층에'는 on the second floor로 쓴다.

11 '벽난로 앞에'는 in front of the fireplace이다.

12 think의 목적어로 절이 오는 경우 접속사 that이 목적어절을 이끈다. '그가 그 경주에서 우승할 거라고'는 that he will win the race로 쓸 수 있다.

13 (1) 국가 앞에는 in을 사용한다.
(2) 시간과 조건의 부사절에서는 현재시제로 미래를 나타낸다.

14 (1) '신발을 세탁했지만 여전히 더럽다'고 해야 자연스러우므로 접속사는 but이 알맞다.
(2) '조용히 하시거나 방에서 나가 주세요'라고 해야 자연스러우므로 접속사는 or이 알맞다.
(3) '그는 도와주겠다고 약속했고, 자신의 약속을 지켰다'라고 해야 자연스러우므로 and가 알맞다.

15 (1) '그녀는 쥐를 봤을 때 비명을 질렀다'라고 해야 자연스럽다.
(2) 'Tom은 사고를 당했기 때문에 병원에 입원해 있다'라고 해야 자연스럽다.

16 (1) 책상은 침대 옆에 있으므로 next to가 알맞다.
(2) 컴퓨터는 책상 위에 있으므로 on이 알맞다.
(3) 축구공은 침대 아래에 있으므로 under가 알맞다.

17 (1) '4시에'는 at 4 o'clock이다.
(2) '두 시간 동안'은 for two hours이다.
(3) '그가 저녁 식사를 한 후에'는 after he has dinner이다.

18 ⓐ 요일 앞에는 on을 사용한다.
ⓓ '하지만, 그러나'는 but이 적절하다.

[19-20]

해석 내일은 나의 형의 생일이다. 나는 형에게 깜짝파티를 열어 주고 싶다. 나는 당근 케이크를 샀는데 왜냐하면 그것이 그가 가장 좋아하는 것이기 때문이다. 나는 그가 집에 도착할 때 그를 놀라게 할 것이다. 형이 그것을 좋아했으면 좋겠다.

19 (1) '~때문에'는 because가 적절하다.
(2) hope의 목적어로 절이 오는 경우 접속사 that이 목적어절을 이끈다.

20 '그가 집에 도착할 때'는 접속사 when을 써서 when he gets home으로 나타낼 수 있다.

WORKBOOK ANSWERS

UNIT 01   be동사
p.2

A

1 is	**2** are	**3** are
4 are	**5** am	**6** is
7 are	**8** is	**9** are
10 are		

B

1 My brother is in the first grade.
2 It is sunny outside.
3 They are my new neighbors.
4 You are the best baseball player.
5 The book and the pen are on the table.

UNIT 02   be동사의 부정문과 의문문
p.3

A

1 isn't	**2** isn't	**3** am not
4 isn't	**5** aren't	**6** Is
7 Are	**8** Is	**9** Are
10 Are		

B

1 The tea is not[isn't] hot.
2 The shops are not[aren't] open today.
3 Is the food delicious?
4 Are the books on the shelf?
5 Am I late for the meeting?

UNIT 03   일반동사
p.4

A

1 eat	**2** has	**3** barks
4 take	**5** goes	**6** shines
7 cries	**8** brushes	**9** misses
10 watch		

B

1 Many people like the restaurant.
2 Lily does her homework after school.
3 The mechanic fixes cars at the auto repair shop.

4 Leo enjoys watching Korean dramas.
5 Sarah studies hard for her exam.

UNIT 04   일반동사의 부정문과 의문문
p.5

A

1 don't	**2** like	**3** don't
4 doesn't	**5** don't	**6** Does
7 Do	**8** Do	**9** Does
10 have		

B

1 My friend doesn't[does not] live in the city.
2 I don't[do not] have much free time.
3 She doesn't[does not] speak French fluently.
4 Does she go to the gym every day?
5 Does your brother play any musical instruments?

UNIT 01   과거시제
p.6

A

1 was	**2** were
3 finished	**4** studied
5 made	**6** dropped, cried
7 had	**8** stayed
9 rode	**10** bought

B

1 He drove to work this morning.
2 Nora sang a beautiful song.
3 They hugged each other tightly.
4 We played board games after dinner.
5 The cat caught a mouse in the backyard.

UNIT 02   과거시제의 부정문과 의문문
p.7

A

1 didn't sleep	**2** wasn't
3 Did, enjoy	**4** Were
5 Did, see	**6** weren't

7 didn't find   **8** Did, eat

9 Was   **10** didn't have

B

1 wasn't good at math

2 weren't at school

3 didn't rain

4 Was the coffee hot?

5 Did they pass the test?

UNIT 03 미래시제   p.8

A

1 going to see   **2** finish

3 going to have   **4** going to study

5 going to eat   **6** go

7 going to rain   **8** going to participate

9 going to practice   **10** volunteer

B

1 She will travel to Japan next spring.

2 Emily is going to see a movie with her friends.

3 I won't buy the expensive dress.

4 I am not going to say his name.

5 Are you going to take the online class?

UNIT 04 현재진행형   p.9

A

1 are reading   **2** isn't sitting

3 Are, listening   **4** is cutting

5 isn't swimming   **6** Am, going

7 are cooking   **8** is helping

9 are flying   **10** is lying

B

1 are waiting in line

2 Is Chris dancing on the stage

3 is writing a novel

4 isn't practicing the piano

5 is tying his shoelaces

CHAPTER 03 조동사

UNIT 01 can, may   p.10

A

1 ⓐ   **2** ⓐ   **3** ⓑ

4 ⓒ   **5** ⓓ   **6** ⓑ

7 ⓑ   **8** ⓐ

B

1 She can dance ballet very well.

2 We could go to the beach last summer.

3 He will be able to finish the report tomorrow.

4 The dog may not like the new food.

5 May I have a glass of water, please?

UNIT 02 must, have to, should   p.11

A

1 have   **2** has to

3 must   **4** had to

5 have to   **6** must not

7 don't have to   **8** doesn't have to

9 should   **10** shouldn't

B

1 They must pack their bags for the trip.

2 You must not touch the hot stove.

3 She has to take the bus to work.

4 You don't have to take off your shoes.

5 You should not drive on the sidewalk.

CHAPTER 04 의문사

UNIT 01 who, what, which   p.12

A

1 Who   **2** Who   **3** Which

4 What   **5** Which   **6** What

7 Who   **8** Which   **9** What

10 What

B

1 What is your favorite sport?

2 Who is Sarah talking to?

3 What do you want for dinner?

4 Which museum should we visit?

5 Who can help me with this problem?

UNIT 02 when, where, why, how

p.13

A

1 When **2** Where

3 Why **4** Where

5 How **6** How tall

7 How often **8** How fast

9 How far **10** How many

B

1 When did they get married?

2 Why did he change his job?

3 Where should we meet tomorrow?

4 How can I improve my English?

5 How many books are on the shelf?

CHAPTER 05 명사와 관사

UNIT 01 셀 수 있는 명사와 셀 수 없는 명사

p.14

A

1 brothers **2** strawberries

3 sheep **4** woman, men

5 time **6** pizza

7 buses **8** fish

9 feet **10** furniture

B

1 many toys **2** more milk

3 two teeth **4** two pairs of shoes

5 a bowl of soup

UNIT 02 명사의 수량 표현, There is / are

p.15

A

1 Many **2** a few **3** a little

4 few **5** little **6** some

7 any **8** some **9** are

10 is

B

1 We had too much food at the buffet.

2 Eric has a few friends.

3 Can I have some hot tea?

4 There is some orange juice in the bottle.

5 There are a pen and a pencil on the desk.

UNIT 03 관사

p.16

A

1 an **2** a **3** a, The

4 The **5** the **6** the

7 × **8** × **9** ×

10 ×

B

1 Jeju is an island in Korea.

2 Dave goes to the gym once a week.

3 Did you have breakfast?

4 I usually go to school by bus.

5 The thief went to jail.

CHAPTER 06 대명사

UNIT 01 지시대명사, 비인칭 주어 *it*

p.17

A

1 This **2** It **3** Those

4 these **5** that **6** that

7 these **8** It **9** this

10 It

B

1 This room is too small, so we can't use it.

2 It is cold and snowy today.

3 Those are my school teachers.

4 That man over there is my gym teacher.

5 Where did you get these cookies? They look yummy.

UNIT 02 인칭대명사, 재귀대명사

p.18

A

1 her **2** his **3** its

4 herself **5** myself **6** itself

7 their   **8** yourself   **9** ours

10 them

B

1 He and I are best friends.

2 She always smiles at me.

3 My opinion is different from yours.

4 You should love yourself.

5 They prepared this party themselves. / They themselves prepared this party.

CHAPTER 07   형용사, 부사, 비교

UNIT 01 형용사와 부사   p.19

A

1 nice   **2** beautifully   **3** loud

4 easily   **5** high   **6** well

7 careful   **8** strict   **9** late

10 quickly

B

1 I want to eat something sweet.

2 Can you speak a little slowly?

3 Sue is usually busy on weekdays.

4 He never says sorry.

5 Do you sometimes go camping?

UNIT 02 비교   p.20

A

1 handsome   **2** healthier

3 bigger   **4** better

5 smartest   **6** hotter

7 thinnest   **8** most popular

9 more difficult   **10** tastier

B

1 worse than his

2 the best volleyball player in the world

3 as tall as Mindy

4 busier than other days

5 the most delicious of the three

CHAPTER 08   to부정사와 동명사

UNIT 01 to부정사의 명사적 용법   p.21

A

1 to study   **2** to become

3 to brush   **4** to live

5 to learn   **6** to eat

7 to read   **8** to go

B

1 It is not good to be late for school.

2 Her plan is to finish her essay today.

3 She wants to meet me at the coffee shop.

4 Nancy promised to help me with my homework.

5 The boy failed to tie his shoelaces.

UNIT 02 to부정사의 형용사적, 부사적 용법   p.22

A

1 to eat   **2** to do

3 to tell   **4** to go

5 to hear   **6** To buy

7 to become   **8** to spend

B

1 a quiet place to read

2 someone nice to take care of her baby

3 study hard to get good grades

4 is pleased to have a new puppy

5 grew up to be an animal doctor

UNIT 03 동명사   p.23

A

1 drawing   **2** driving

3 swimming[to swim]   **4** running

5 to study   **6** telling

7 turning   **8** dancing

9 forgetting   **10** planning[to plan]

B

1 Cooking meals every day is

2 playing basketball with my friends

3 speaking Korean

4 cleaning up my room

5 eating dessert after dinner

UNIT 01 보어가 있는 문장 p.24

A

1 This blanket feels <u>soft</u>.
2 The music sounds <u>energetic</u>.
3 The hat keeps me <u>warm</u> in winter.
4 Who left the windows <u>open</u> overnight?
5 My mom's chicken soup smells <u>delicious</u>.
6 I found his advice <u>useful</u>. It truly helped me.
7 They named the event "Hope for Tomorrow."
8 The milk tastes <u>sour</u>. We should not drink it.
9 Something about this room looks <u>different</u>.
10 I found the book <u>difficult</u>. I can't understand it.

B

1 His clothes looked very dirty.
2 You look great in your new dress.
3 Laura made her parents proud.
4 The chef made the dish spicy.
5 They named their baby Sophia.

UNIT 02 목적어가 두 개 있는 문장 p.25

A

1 They wrote a card to their parents.
2 She taught a new song to her students.
3 My friend bought a souvenir for me.
4 She asked a few questions of John.

B

1 Will you pass me the sugar?
2 My father made me a wooden stool.
3 He showed his new house to us.
4 They didn't tell me the truth.
5 Mary cooked a special dinner for her friends.

CHAPTER 10 문장의 종류

UNIT 01 명령문, Let's ~ p.26

A

1 Don't send me a text message.
2 Don't be shy.

3 Sit on the chair.
4 Let's not go bowling tonight.
5 Please don't close the door.

B

1 Close the curtains.
2 Cut your nails.
3 Don't be lazy.
4 Let's take the express train.
5 Let's not be late for the party.

UNIT 02 감탄문 p.27

A

1 What 2 How 3 What
4 How 5 What 6 How
7 What 8 How 9 What
10 How

B

1 What a fun party it was!
2 How hot it is today!
3 What delicious cake this is!
4 How well you play the guitar!
5 What lovely dresses you are wearing!

UNIT 03 부가의문문 p.28

A

1 isn't he 2 do you
3 is it 4 don't they
5 aren't they 6 isn't she
7 does she 8 can't we
9 didn't he 10 aren't you

B

1 is he 2 isn't it
3 don't you 4 did she
5 isn't she

UNIT **01** 시간의 전치사 p.29

A

1 at	**2** on	**3** at
4 in	**5** on	**6** in
7 on	**8** in	**9** at
10 in		

B

1 play basketball after school
2 take a shower before dinner
3 went to the beach during summer vacation
4 is on December 23
5 listened to music for an hour

UNIT **02** 장소의 전치사 p.30

A

1 in	**2** on	**3** on
4 at	**5** on	**6** at
7 in	**8** on	**9** in
10 at		

B

1 My dad parks his car in front of the house.
2 The dog is hiding behind the box.
3 My house is next to the library.
4 The pillow is under the blanket.
5 The house is between two large trees.

UNIT **03** 접속사 p.31

A

1 and	**2** but	**3** or
4 because	**5** When	**6** because
7 before	**8** If	**9** after
10 that		

B

1 after I go to bed
2 but I am too busy
3 When I listen to music
4 (that) Eric is a nice boy
5 because she has to work

Grammar
+Plus
Writing

문법을 알면 **영작**이 쉽다!

Grammar +Plus Writing

전지원 | 박혜영

WORKBOOK

중등 내신 · 서술형 시험 완벽 대비

1

- 중등 필수 영문법을 쉽고 간결하게 설명
- 영작 집중 훈련으로 기초를 탄탄히
- 최신 서술형 연습문제로 실전 대비

 **DARAKWON**

Grammar Plus Writing

WORKBOOK

Answer Key p.38

A
GRAMMAR

빈칸에 알맞은 be동사의 현재형을 쓰시오.

1 She _____ a doctor.

2 They _____ my best friends.

3 We _____ ready to leave.

4 The flowers _____ beautiful.

5 I _____ so tired now.

6 This _____ my favorite movie.

7 My grandparents _____ still healthy.

8 Dr. Brown _____ a scientist.

9 Apples and oranges _____ fruits.

10 Tom and his sister _____ in the park.

B
WRITING

주어진 말과 be동사의 현재형을 사용하여 문장을 완성하시오.

1 my brother / in the first grade

→ _____

2 it / sunny / outside

→ _____

3 they / my new neighbors

→ _____

4 you / the best baseball player

→ _____

5 the book and the pen / on the table

→ _____

UNIT 02 be동사의 부정문과 의문문

⊘ Answer Key p.38

A GRAMMAR

괄호 안에서 알맞은 것을 고르시오.

1 Sally (isn't, aren't) my sister.

2 It (isn't, am not) a big problem.

3 I (am not, not am) tired today.

4 She (isn't, aren't) happy with her new job.

5 The keys (isn't, aren't) in my pocket.

6 (Is, Are) your name Andy?

7 (Am, Are) we late for the movie?

8 (Is, Are) the weather warm today?

9 (Is, Are) the cats on the chair?

10 (Is, Are) Jamie and Chris in the same class?

B WRITING

우리말과 일치하도록 괄호 안의 말을 이용하여 문장을 완성하시오.

1 그 차는 뜨겁지 않다. (the tea, hot)

→ _____

2 그 상점들은 오늘 문을 열지 않는다. (the shops, open today)

→ _____

3 그 음식은 맛있니? (the food, delicious)

→ _____

4 그 책들은 선반 위에 있니? (the books, on the shelf)

→ _____

5 제가 회의에 늦었나요? (I, late for the meeting)

→ _____

UNIT 03 일반동사

✅ Answer Key p.38

A GRAMMAR

괄호 안의 말을 이용하여 현재시제 문장을 완성하시오.

1 I _____ eggs and toast for breakfast. (eat)

2 The singer _____ a beautiful voice. (have)

3 The dog _____ loudly at strangers. (bark)

4 The players _____ a break every two hours. (take)

5 My sister _____ jogging every morning. (go)

6 The sun _____ brightly in the sky. (shine)

7 The baby _____ every night. (cry)

8 John _____ his teeth twice a day. (brush)

9 He often _____ his family and friends. (miss)

10 They _____ their favorite TV show on Friday. (watch)

B WRITING

어법상 <u>틀린</u> 부분을 바르게 고쳐 문장을 다시 쓰시오.

1 Many people likes the restaurant.

➡ _____

2 Lily do her homework after school.

➡ _____

3 The mechanic fix cars at the auto repair shop.

➡ _____

4 Leo enjoyes watching Korean dramas.

➡ _____

5 Sarah studys hard for her exam.

➡ _____

⊘ Answer Key p.38

A

GRAMMAR

괄호 안에서 알맞은 것을 고르시오.

1 They (aren't, don't) have any pets.

2 Sally doesn't (like, likes) cucumbers.

3 My grandparents (don't, doesn't) drive anymore.

4 The building (don't, doesn't) look safe.

5 My friends and I (don't, doesn't) have a car.

6 (Is, Does) Ted live near your house?

7 (Are, Do) you and your sister go to the same school?

8 (Do, Does) you enjoy your math class?

9 (Do, Does) it rain a lot in your country?

10 Does the firefighter (have, has) a safety helmet?

B
WRITING

밑줄 친 부분을 바르게 고쳐 문장을 다시 쓰시오.

1 My friend <u>don't live</u> in the city.

→ _____

2 I <u>have not</u> much free time.

→ _____

3 She <u>isn't speak</u> French fluently.

→ _____

4 <u>Does she goes</u> to the gym every day?

→ _____

5 <u>Do your brother play</u> any musical instruments?

→ _____

UNIT 01 과거시제

Answer Key p.38

A GRAMMAR

괄호 안의 말을 이용하여 과거시제 문장을 완성하시오.

1 The weather _____ perfect for a picnic. (be)

2 The children _____ happy with their gift. (be)

3 We _____ our homework quickly. (finish)

4 Tim _____ for the exam all night. (study)

5 My grandma _____ a delicious pie for dessert. (make)

6 The baby _____ her toy and _____. (drop, cry)

7 I _____ a nightmare last night. (have)

8 She _____ at her friend's house last night. (stay)

9 He _____ a bicycle for the first time. (ride)

10 They _____ a house in the countryside. (buy)

B WRITING

주어진 말과 과거시제를 사용하여 문장을 완성하시오.

1 He / drive / to work / this morning

→ _____

2 Nora / sing / a beautiful song

→ _____

3 they / hug / each other / tightly

→ _____

4 we / play / board games / after dinner

→ _____

5 the cat / catch / a mouse / in the backyard

→ _____

A
GRAMMAR

괄호 안의 말을 이용하여 과거시제 문장을 완성하시오. (부정문은 줄임말을 쓸 것)

1 She _____ well last night. (not, sleep)

2 The hotel room _____ clean. (not, be)

3 _____ they _____ the party last week? (enjoy)

4 _____ the books on the table? (be)

5 _____ you _____ the moon last night? (see)

6 The tickets _____ expensive. (not, be)

7 I _____ my cellphone yesterday. (not, find)

8 _____ he _____ the leftover pizza? (eat)

9 _____ the food delicious? (be)

10 We _____ any tests last week. (not, have)

B
WRITING

우리말과 일치하도록 괄호 안의 말을 이용하여 문장을 완성하시오. (부정문은 줄임말을 쓸 것)

1 그는 작년에는 수학을 잘하지 못했다. (be good at, math)

→ He _____ last year.

2 Tony와 나는 어제 학교에 없었다. (at school)

→ Tony and I _____ yesterday.

3 한 시간 전에는 비가 오지 않았다. (rain)

→ It _____ an hour ago.

4 그 커피는 뜨거웠니? (the coffee, hot)

→ _____

5 그들은 그 시험에 합격했니? (they, pass the test)

→ _____

UNIT 03 미래시제

✓ Answer Key p.39

A GRAMMAR

괄호 안의 말을 이용하여 문장을 완성하시오. (will 또는 be going to를 반드시 포함할 것)

1 I am _____ my parents this weekend. (see)

2 They will _____ the project before the deadline. (finish)

3 We are _____ a picnic at the park. (have)

4 Is she _____ abroad next year? (study)

5 I am not _____ fast food anymore. (eat)

6 We will not _____ on vacation this summer. (go)

7 I think it is _____ tomorrow. (rain)

8 He is not _____ in the marathon this year. (participate)

9 Is he _____ for his soccer match today? (practice)

10 Will you _____ at the animal shelter this Saturday?
(volunteer)

B WRITING

밑줄 친 부분을 바르게 고쳐 문장을 다시 쓰시오.

1 She will <u>travels</u> to Japan next spring.

→ _____

2 Emily <u>going</u> to see a movie with her friends.

→ _____

3 I won't <u>to buy</u> the expensive dress.

→ _____

4 I <u>not</u> going to say his name.

→ _____

5 <u>Will</u> you going to take the online class?

→ _____

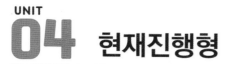

UNIT

04 현재진행형

Answer Key p.39

A
GRAMMAR

괄호 안의 말을 이용하여 현재진행형 문장을 완성하시오. (부정문은 줄임말을 쓸 것)

1 The kids _____ books in the library. (read)

2 She _____ at her desk right now. (not, sit)

3 _____ you _____ to the radio? (listen)

4 Sam _____ the paper with scissors. (cut)

5 Susie _____ in the pool. (not, swim)

6 _____ I _____ in the right direction? (go)

7 Jane and I _____ together in the kitchen. (cook)

8 The boy _____ the old lady with her heavy bags. (help)

9 The children _____ paper planes in the park. (fly)

10 My grandmother is sick, so she _____ in bed all day. (lie)

B
WRITING

우리말과 일치하도록 괄호 안의 말을 이용하여 문장을 완성하시오. (부정문은 줄임말을 쓸 것)

1 많은 사람들이 줄을 서서 기다리고 있다. (wait in line)

→ Many people _____ .

2 Chris는 지금 무대에서 춤을 추고 있니? (dance on the stage)

→ _____ now?

3 나의 삼촌은 소설을 쓰고 계신다. (write a novel)

→ My uncle _____ .

4 그녀는 지금 피아노를 연습하고 있지 않다. (practice the piano)

→ She _____ at the moment.

5 Jason은 문 앞에서 신발끈을 묶고 있다. (tie his shoelaces)

→ Jason _____ at the door.

UNIT 01 can, may

⊘ Answer Key p.39

A GRAMMAR

밑줄 친 부분에 해당하는 의미를 〈보기〉에서 골라 기호를 쓰시오.

| 보기 | ⓐ 능력   ⓑ 허가   ⓒ 요청   ⓓ 추측

1 My grandmother <u>can</u> surf the Internet. _____

2 Bats <u>can't</u> walk on the ground well. _____

3 They <u>can</u> use calculators during the math exam. _____

4 <u>Can</u> you lower your voice, please? _____

5 Take your umbrella. It <u>may</u> rain later today. _____

6 You <u>may</u> go outside and play now. _____

7 <u>May</u> I leave the office early today? _____

8 <u>Can</u> you swim across the river? _____

B WRITING

밑줄 친 부분을 바르게 고쳐 문장을 다시 쓰시오.

1 She <u>cans</u> dance ballet very well.

→ _____

2 We <u>can</u> go to the beach last summer.

→ _____

3 He will <u>can</u> finish the report tomorrow.

→ _____

4 The dog <u>may like not</u> the new food.

→ _____

5 <u>Do I may</u> have a glass of water, please?

→ _____

Answer Key p.39

A
GRAMMAR

괄호 안에서 알맞은 것을 고르시오.

1 I (have, must) to clean my room every day.

2 He (has to, have to) walk the dog every evening.

3 She (must, have to) arrive on time for the interview.

4 I (must, had to) wake up early for the flight yesterday.

5 Do we (must, have to) do the laundry now?

6 You (must not, don't have to) forget to lock the door.

7 You (must not, don't have to) wear a tie for a casual event.

8 She (has to, doesn't have to) pay the bill. I already did.

9 Bill (should, shouldn't) exercise regularly to have good health.

10 Sarah (should, shouldn't) eat too much junk food.

B
WRITING

주어진 말을 바르게 배열하여 문장을 완성하시오.

1 pack / they / their bags / must / for the trip / .

→ _____

2 must / touch / you / not / the hot stove / .

→ _____

3 take / she / to work / has to / the bus / .

→ _____

4 you / your shoes / don't / take off / have to / .

→ _____

5 drive / not / you / on the sidewalk / should / .

→ _____

☑ Answer Key p.39

CHAPTER 04

의문사

A
GRAMMAR

빈칸에 Who, What, Which 중 알맞은 것을 쓰시오.

1 _____ is the CEO of the company?

2 _____ did you invite to the party?

3 _____ color do you prefer, red or blue?

4 _____ color shirt do you usually wear?

5 _____ team won the championship?

6 _____ is your favorite movie?

7 _____ is that girl in the blue dress?

8 _____ one is taller, John or David?

9 _____ is the capital city of France?

10 _____ movie did you watch last night?

B
WRITING

주어진 말을 바르게 배열하여 의문문을 완성하시오.

1 sport / is / what / your / favorite / ?

→ _____

2 is / talking to / who / Sarah / ?

→ _____

3 want / do / what / you / for / dinner / ?

→ _____

4 museum / should / visit / which / we / ?

→ _____

5 can / help / who / with / me / this problem / ?

→ _____

02 when, where, why, how

✓ Answer Key p.40

A
GRAMMAR

괄호 안에서 알맞은 것을 고르시오.

1 (When, Where) is your sister's birthday?

2 (When, Where) is the nearest grocery store?

3 (Where, Why) did he move to a different city?

4 (When, Where) did you go on vacation last summer?

5 (Why, How) can I solve this math problem?

6 (How long, How tall) is the Empire State Building?

7 (How often, How old) do you exercise each week?

8 (How far, How fast) can you run 100 meters?

9 (How far, How fast) is it from New York to Los Angeles?

10 (How many, How much) students are there in your class?

B
WRITING

주어진 말을 바르게 배열하여 의문문을 완성하시오.

1 did / they / get married / when / ?

→ _____

2 he / change / why / did / his job / ?

→ _____

3 should / tomorrow / meet / we / where / ?

→ _____

4 I / can / how / my English / improve / ?

→ _____

5 how / are / many / on the shelf / books / ?

→ _____

⊘ Answer Key p.40

A
GRAMMAR

괄호 안의 말을 이용하여 문장을 완성하시오.

1 He has three _____. (brother)

2 We picked many _____. (strawberry)

3 There are a lot of _____ over there. (sheep)

4 Can you draw a _____ and three _____? (woman, man)

5 Jane spends a lot of _____ with her sister. (time)

6 My mom gave me three slices of _____. (pizza)

7 Henry missed two _____ this morning. (bus)

8 We went fishing and caught a lot of _____. (fish)

9 My _____ are dirty. I need to wash them. (foot)

10 We bought two pieces of _____. (furniture)

B
WRITING

우리말과 일치하도록 괄호 안의 말을 이용하여 문장을 완성하시오.

1 그 아이들은 장난감이 많다. (many, toy)

→ The children have _____.

2 너는 매일 우유를 더 많이 마셔야 한다. (more, milk)

→ You should drink _____ every day.

3 Peter는 치과에서 이 두 개를 뽑았다. (tooth)

→ Peter had _____ pulled out at the dentist.

4 그는 백화점에서 신발 두 켤레를 샀다. (shoe)

→ He bought _____ at the department store.

5 나는 아침으로 수프 한 그릇을 먹었다. (soup)

→ I ate _____ for breakfast.

A
GRAMMAR

괄호 안에서 알맞은 것을 고르시오.

1 (Many, Much) tourists visit Seoul every year.

2 She invited (a few, a little) friends from her class.

3 Lily has (a few, a little) time now.

4 George has (few, little) relatives.

5 They have (few, little) hope.

6 I have (some, any) questions for you.

7 Grace doesn't have (some, any) peanuts.

8 Would you like (some, any) coffee?

9 There (is, are) two water parks nearby.

10 There (is, are) a lot of chocolate in the box.

B
WRITING

밑줄 친 부분을 바르게 고쳐 문장을 다시 쓰시오.

1 We had too <u>many</u> food at the buffet.

→ _____

2 Eric has a <u>little</u> friends.

→ _____

3 Can I have <u>any</u> hot tea?

→ _____

4 There <u>are</u> some orange juice in the bottle.

→ _____

5 There <u>is</u> a pen and a pencil on the desk.

→ _____

A GRAMMAR

빈칸에 a, an, the, 또는 ×를 쓰시오. (×는 필요 없음을 뜻함)

1 My neighbor is _____ actress.

2 Mr. Taylor gets a haircut once _____ month.

3 Peter bought _____ new car. _____ car is parked outside.

4 _____ woman over there is beautiful.

5 Dylan plays _____ violin every day.

6 Sally often buys things on _____ Internet.

7 We stayed in _____ England for a year.

8 Andy enjoys playing _____ football.

9 My dad goes to _____ work at 7:00 in the morning.

10 My favorite subject is _____ English.

B WRITING

어법상 틀린 부분을 바르게 고쳐 문장을 다시 쓰시오.

1 Jeju is a island in Korea.

→ _____

2 Dave goes to the gym once the week.

→ _____

3 Did you have a breakfast?

→ _____

4 I usually go to school by the bus.

→ _____

5 The thief went to the jail.

→ _____

지시대명사, 비인칭 주어 it

⊘ Answer Key p.40

A

괄호 안에서 알맞은 것을 고르시오.

1 (This, These) movie is so funny.

2 (It, This) is Sunday today.

3 (That, Those) are my classmates.

4 Where did you get (this, these) towels?

5 Look at (that, this) kite in the sky.

6 Who is (this, that) girl over there?

7 I bought (this, these) shoes yesterday.

8 (It, This) is New Year's Day tomorrow.

9 You can use (this, these) pencil.

10 (It, That) is 3 kilometers to that mountain.

B
WRITING

밑줄 친 부분을 바르게 고쳐 문장을 다시 쓰시오.

1 <u>These</u> room is too small, so we can't use it.

→ _____

2 <u>This</u> is cold and snowy today.

→ _____

3 <u>That</u> are my school teachers.

→ _____

4 <u>This</u> man over there is my gym teacher.

→ _____

5 Where did you get <u>this</u> cookies? They look yummy.

→ _____

CHAPTER 06

대명사

A
GRAMMAR

괄호 안의 말을 알맞은 형태로 바꿔 문장을 완성하시오.

1 I met _____ at the school festival. (she)

2 We always like _____ ideas. (he)

3 The dog wagged _____ tail happily. (it)

4 Sally looked at _____ in the mirror. (she)

5 I made this soup _____. (me)

6 The bird is washing _____. (it)

7 They forgot _____ textbooks. (they)

8 Did you decorate the room _____? (you)

9 The car is _____, not theirs. (we)

10 Look at _____! They are so cute. (they)

B
WRITING

우리말과 일치하도록 괄호 안의 말을 이용하여 문장을 완성하시오.

1 그와 나는 가장 친한 친구 사이이다. (best friends)

→ _____

2 그녀는 항상 나에게 미소를 짓는다. (always, smile at)

→ _____

3 내 의견은 너의 것과 다르다. (opinion, different from)

→ _____

4 너는 너 자신을 사랑해야 한다. (should, love)

→ _____

5 그들은 직접 이 파티를 준비했다. (prepare, this party)

→ _____

⊘ Answer Key p.41

A 괄호 안에서 알맞은 것을 고르시오.
GRAMMAR

1 James has a (nice, nicely) drone.

2 The girl sings so (beautiful, beautifully).

3 He spoke in a (loud, loudly) voice.

4 Mitchell can (easy, easily) eat five hotdogs.

5 Can you jump (high, highly)?

6 My sister speaks English very (good, well).

7 Rita is a (careful, carefully) driver.

8 Our history teacher is (strict, strictly) with us.

9 Pam arrived for the meeting (late, lately).

10 Please finish your homework (quick, quickly).

B 어법상 틀린 부분을 바르게 고쳐 문장을 다시 쓰시오.
WRITING

1 I want to eat sweet something.

→ _____

2 Can you speak a little slow?

→ _____

3 Sue usually is busy on weekdays.

→ _____

4 He says never sorry.

→ _____

5 Do sometimes you go camping?

→ _____

UNIT
02 비교

✓ Answer Key p.41

A
GRAMMAR

괄호 안의 말을 이용하여 문장을 완성하시오.

1 Tom is as _____ as his brother. (handsome)

2 Vegetables are _____ than meat. (healthy)

3 The new house is _____ than the old one. (big)

4 His English is _____ than mine. (good)

5 Adrian is the _____ person of all. (smart)

6 This summer is _____ than last summer. (hot)

7 He bought the _____ laptop at the store. (thin)

8 Jack is the _____ boy in the class. (popular)

9 This question is _____ than that one. (difficult)

10 Cup noodles are _____ than regular noodles. (tasty)

B
WRITING

우리말과 일치하도록 괄호 안의 말을 이용하여 문장을 완성하시오.

1 내 수학 점수는 그의 것보다 나쁘다. (bad, his)

→ My math score is _____.

2 그녀는 세계 최고의 배구 선수이다. (volleyball player, the world)

→ She is _____.

3 Helen은 Mindy만큼 키가 크지 않다. (tall)

→ Helen is not _____.

4 월요일은 다른 요일들보다 더 바쁘다. (busy, other days)

→ Monday is _____.

5 초콜릿 케이크가 셋 중에서 가장 맛있다. (delicious, three)

→ The chocolate cake is _____.

⊘ Answer Key p.41

A
GRAMMAR

〈보기〉에서 알맞은 말을 골라 to부정사를 사용하여 문장을 완성하시오. (단, 한 번씩만 쓸 것)

보기	become	brush	eat	go
	live	learn	read	study

1 It is necessary ＿＿＿＿＿＿ hard for the exams.

2 My dream is ＿＿＿＿＿＿ a soccer player.

3 I need ＿＿＿＿＿＿ my teeth before going to bed.

4 They hope ＿＿＿＿＿＿ in a big house with a garden.

5 It is challenging ＿＿＿＿＿＿ a new language.

6 It is important ＿＿＿＿＿＿ a balanced diet to have good health.

7 His plan is ＿＿＿＿＿＿ four books a month.

8 Jim wants ＿＿＿＿＿＿ to the park with his dog.

B
WRITING

주어진 말과 to부정사를 사용하여 문장을 완성하시오.

1 it / not / good / be / late / for school

→ ＿＿＿＿＿＿＿＿＿＿＿＿＿＿＿＿＿＿

2 her plan / finish / her essay / today

→ ＿＿＿＿＿＿＿＿＿＿＿＿＿＿＿＿＿＿

3 she / wants / meet / me / at the coffee shop

→ ＿＿＿＿＿＿＿＿＿＿＿＿＿＿＿＿＿＿

4 Nancy / promised / help / me / with my homework

→ ＿＿＿＿＿＿＿＿＿＿＿＿＿＿＿＿＿＿

5 the boy / failed / tie / his shoelaces

→ ＿＿＿＿＿＿＿＿＿＿＿＿＿＿＿＿＿＿

02 to부정사의 형용사적, 부사적 용법

⊘ Answer Key p.41

A
GRAMMAR

〈보기〉에서 알맞은 말을 골라 to부정사를 사용하여 문장을 완성하시오. (단, 한 번씩만 쓸 것)

보기	become	tell	eat	go
	here	spend	buy	do

1 We have nothing _____ for breakfast.

2 She has so much work _____ .

3 I have something important _____ you.

4 Kevin woke up early _____ for a jog.

5 I was surprised _____ from Sam.

6 _____ a new phone, I am saving money.

7 She grew up _____ a successful lawyer.

8 Peter was happy _____ time with his cousins.

B
WRITING

주어진 말을 바르게 배열하여 문장을 완성하시오.

1 quiet / a / to / place / read

→ He found _____ .

2 nice / her baby / to / someone / take care of

→ She is looking for _____ .

3 study / get / hard / good / grades / to

→ I _____ .

4 pleased / is / to / a new puppy / have

→ Tina _____ .

5 to / an / be / grew up / animal doctor

→ Emily _____ .

A GRAMMAR 괄호 안의 말을 알맞은 형태로 바꿔 문장을 완성하시오.

1 She enjoys _____ cartoons. (draw)

2 Kelly is not interested in _____. (drive)

3 Claire likes _____ in the pool. (swim)

4 Bill stopped _____ to catch his breath. (run)

5 Kim decided _____ abroad. (study)

6 Mark keeps _____ the same joke. (tell)

7 Do you mind _____ down the volume? (turn)

8 Jimin is good at _____. (dance)

9 I am sorry for _____ your birthday. (forget)

10 They started _____ their summer vacation. (plan)

B WRITING 우리말과 일치하도록 괄호 안의 말을 이용하여 문장을 완성하시오. (단, 동명사를 사용할 것)

1 매일 식사를 요리하는 것은 쉽지 않다. (cook meals, every day)

→ _____ not easy.

2 내가 가장 좋아하는 것은 친구들과 농구하는 것이다. (play basketball, with my friends)

→ My favorite thing is _____.

3 그는 한국어를 말하는 것이 서투르다. (speak Korean)

→ He is bad at _____.

4 나는 내 방 청소하는 것을 끝냈다. (clean up, my room)

→ I finished _____.

5 나는 저녁 식사 후에 후식 먹는 것을 그만두었다. (eat dessert, after dinner)

→ I gave up _____.

⊘ Answer Key p.42

A
GRAMMAR

다음 문장에서 보어에 밑줄을 그으시오.

1 This blanket feels soft.

2 The music sounds energetic.

3 The hat keeps me warm in winter.

4 Who left the windows open overnight?

5 My mom's chicken soup smells delicious.

6 I found his advice useful. It truly helped me.

7 They named the event "Hope for Tomorrow."

8 The milk tastes sour. We should not drink it.

9 Something about this room looks different.

10 I found the book difficult. I can't understand it.

B
WRITING

주어진 말을 바르게 배열하여 문장을 완성하시오.

1 looked / his / very / clothes / dirty / .

→ _____

2 great / you / look / your / in / new dress / .

→ _____

3 her / made / Laura / proud / parents / .

→ _____

4 the dish / the chef / spicy / made / .

→ _____

5 they / Sophia / their / named / baby / .

→ _____

UNIT 02 목적어가 두 개 있는 문장

⊘ Answer Key p.42

A
GRAMMAR

다음 문장을 〈보기〉와 같이 바꿔 쓰시오.

> | 보기 | Tom gave his sister a gift.
> → Tom gave a gift to his sister.

1 They wrote their parents a card.

→ _____

2 She taught her students a new song.

→ _____

3 My friend bought me a souvenir.

→ _____

4 She asked John a few questions.

→ _____

B
WRITING

주어진 말을 바르게 배열하여 문장을 완성하시오.

1 me / the sugar / will / pass / you / ?

→ _____

2 made / my father / me / a wooden stool / .

→ _____

3 he / his new house / showed / us / to / .

→ _____

4 didn't / they / me / tell / the truth / .

→ _____

5 cooked / her friends / for / Mary / a special dinner / .

→ _____

CHAPTER 09

문장의 구조

CHAPTER 10

문장의 종류

⊘ Answer Key p.42

A
GRAMMAR

긍정문은 부정문으로, 부정문은 긍정문으로 바꿔 쓰시오.

1 Send me a text message.

→ _____

2 Be shy.

→ _____

3 Don't sit on the chair.

→ _____

4 Let's go bowling tonight.

→ _____

5 Please close the door.

→ _____

B
WRITING

우리말과 일치하도록 괄호 안의 말을 이용하여 문장을 완성하시오.

1 커튼을 닫아라. (close, the curtains)

→ _____

2 네 손톱을 깎아라. (cut, nails)

→ _____

3 게으름 피우지 마라. (lazy)

→ _____

4 급행 열차를 타자. (take, the express train)

→ _____

5 파티에 늦지 말자. (late, for the party)

→ _____

UNIT 02 감탄문

⊘ Answer Key p.42

CHAPTER 10

A
GRAMMAR

빈칸에 What 또는 How를 쓰시오.

1 _____ a surprise it is!

2 _____ fast the Wi-Fi here is!

3 _____ a great game it is!

4 _____ beautiful she looks tonight!

5 _____ nice music they are playing!

6 _____ fantastic the fireworks are!

7 _____ useful books these are!

8 _____ far the post office is from here!

9 _____ an amazing job you did!

10 _____ heavy this shopping bag is!

B
WRITING

주어진 말을 바르게 배열하여 감탄문을 완성하시오.

1 fun / a / it / party / was / what / !

→ _____

2 hot / is / how / it / today / !

→ _____

3 delicious / this / cake / is / what / !

→ _____

4 you / play / how / the guitar / well / !

→ _____

5 lovely / are / you / dresses / what / wearing / !

→ _____

UNIT 03 부가의문문

☑ Answer Key p.42

A GRAMMAR

빈칸에 알맞은 부가의문문을 쓰시오.

1 He is a good singer, _____?

2 You don't like ice cream, _____?

3 It is not snowing outside, _____?

4 Sue and Alex live in the city, _____?

5 They are going to win, _____?

6 Your mother is a vet, _____?

7 She doesn't like cucumbers, _____?

8 We can leave now, _____?

9 He knew the answer, _____?

10 You are afraid of spiders, _____?

B WRITING

밑줄 친 부분을 바르게 고쳐 문장을 완성하시오.

1 Fred is not coming to the party, he is?

→ Fred is not coming to the party, _____?

2 It's a beautiful day today, is it?

→ It's a beautiful day today, _____?

3 You have a pet, do you?

→ You have a pet, _____?

4 She didn't forget her umbrella, was she?

→ She didn't forget her umbrella, _____?

5 Ms. Jones is from New Zealand, isn't Ms. Jones?

→ Ms. Jones is from New Zealand, _____?

UNIT 01 시간의 전치사

A GRAMMAR

빈칸에 in, on, at 중 알맞은 것을 쓰시오.

1 We have a class meeting _____ 9:00 a.m.

2 Kate left for Paris _____ June 17.

3 She usually goes to bed _____ midnight.

4 They got married _____ September.

5 What did you do _____ Christmas Eve?

6 She drinks tea _____ the afternoon.

7 We will arrive in Los Angeles _____ Sunday.

8 The Korea Japan World Cup took place _____ 2002.

9 Please don't call me _____ night.

10 I will go to the cherry blossom festival _____ spring.

B WRITING

우리말과 일치하도록 괄호 안의 말을 이용하여 문장을 완성하시오.

1 그들은 방과 후에 농구를 할 것이다. (play basketball, school)

→ They are going to _____.

2 저녁 식사 전에 샤워를 하는 것이 어때? (take a shower, dinner)

→ Why don't you _____?

3 나의 가족은 여름 방학 동안 해변에 갔다. (go to the beach, summer vacation)

→ My family _____.

4 그 콘서트는 12월 23일에 있다. (December 23)

→ The concert _____.

5 Andrew는 한 시간 동안 음악을 들었다. (listen to music, an hour)

→ Andrew _____.

✅ Answer Key p.43

A
GRAMMAR

빈칸에 in, on, at 중 알맞은 것을 쓰시오.

1 The children live _____ a small town.

2 My smartphone is _____ the table.

3 The cat is lying _____ the sofa.

4 An old lady is standing _____ the bus stop.

5 The gym is _____ Main Street.

6 I will wait for you _____ the park entrance.

7 There are many coffee shops _____ Korea.

8 My family photo is hanging _____ the wall.

9 Can you see the rainbow _____ the sky?

10 Tiffany is going to stay _____ home today.

B
WRITING

우리말과 일치하도록 괄호 안의 말을 이용하여 문장을 완성하시오.

1 나의 아빠는 집 앞에 차를 주차하신다. (park, his car, the house)

→ _____

2 그 개는 상자 뒤에 숨어 있다. (the dog, hiding, the box)

→ _____

3 나의 집은 도서관 옆에 있다. (my house, the library)

→ _____

4 그 베개는 이불 아래에 있다. (the pillow, the blanket)

→ _____

5 그 집은 두 개의 커다란 나무 사이에 있다. (the house, two large trees)

→ _____

03 접속사

✓ Answer Key p.43

A

괄호 안에서 알맞은 것을 고르시오.

1 I love to read books (and, but, or) listen to music.

2 Diane wants to go out, (and, but, or) it is too cold.

3 Should I wear the blue dress (and, but, or) the black one?

4 I wore rain boots (and, but, because) it was raining.

5 (When, And, That) I finish my homework, I can use my phone.

6 I didn't go to the birthday party (because, if, that) I felt sick.

7 We should buy groceries (and, before, that) we run out of food.

8 (Before, If, That) the air quality is bad, we will cancel our picnic.

9 He checked his email (after, before, if) he woke up in the morning.

10 I think (after, because, that) writing a journal is important.

B

우리말과 일치하도록 괄호 안의 말을 이용하여 문장을 완성하시오.

1 나의 부모님은 내가 자러 간 후에 영화를 보신다. (go to bed)

→ My parents watch a movie _____.

2 나는 너를 도와주고 싶지만, 너무 바쁘다. (too busy)

→ I would like to help you, _____.

3 음악을 들을 때, 나는 편안함을 느낀다. (listen to music)

→ _____, I feel relaxed.

4 모두가 Eric이 좋은 소년이라는 것을 알고 있다. (a nice boy)

→ Everyone knows _____.

5 그녀는 일을 해야 하기 때문에 그 콘서트에 갈 수 없다. (have to, work)

→ She can't go to the concert _____.

Grammar +Plus Writing

중등 핵심 영문법의 기초를 다져 영작을 잡는다!

Grammar Plus Writing 시리즈는 중등 필수 영문법을 공부하며 학습한 문법을
바탕으로 말하기와 쓰기 능력까지 향상시킬 수 있게 이끌어주는 3단계 프로그램으로,
중등 내신과 서술형 시험 대비에 최적인 중등 문법 쓰기·교재입니다.

중등 교과 과정의 필수 영문법

Grammar Plus Writing 시리즈

초등 및 중등 교과 과정의 기초 영문법

Grammar Plus Writing START 시리즈